Audi

Audi victories 2001

24h Le Mans, ALMS, ELMS

Bodo Kräling

Thomas Voigt

KRÄLING

Impressum

Herausgeber:
Publisher:

AUDI AG Ingolstadt

Motorsport-Bild-GmbH
Sorpestraße 36
59955 Winterberg
Telefon: +49 (0) 29 83 - 97 28-0
Telefax: +49 (0) 29 83 - 97 28 28
E-mail: kraeling-bildagentur@t-online.de
www.kraelingbildagentur.de

› Idee, Konzept und Redaktion:
Idea, Concept and Editing:
Ferdi Kräling Motorsport-Bild-Verlag

› Fotos:
Photography:
Bodo und Ferdi Kräling
Beatrice Vohler (8)
Reinhold Weinretter (1)

› Text:
Author:
Thomas Voigt

› Grafik-Design:
Graphic Design:
Werbstatt GmbH
Winterberg

› Lithografie:
Lithography:
Highscan · High-End · Lithografie GmbH
Würselen

› Druck:
Printing:
Bräutigam Ideen, Druck & Service
Mitglied der Media Print Gruppe

Printed in Germany

ISBN 3-89880-055-5

Inhalt

Contents

Région des Pays de la Loire
LE MANS
www.lemans.org
AUTOMOBILE CLUB DE L'OUEST
A.C.O
MICHELIN
Audi Sport

Vorwort

Die 24 Stunden von Le Mans 2001 werden nicht nur in der erfolgreichen Motorsportgeschichte der Audi AG einen ganz besonderen Platz einnehmen. Selbst Le Mans-erfahrene Piloten wie zum Beispiel Jacky Ickx behaupten, bei diesem Motorsport-Klassiker noch nie so viel Regen erlebt zu haben wie in diesem Jahr. Die beiden Infineon Audi R8 trotz teilweise sintflutartiger Regenfälle auf den Plätzen eins und zwei ins Ziel zu bringen, war alles andere als eine Selbstverständlichkeit. Deshalb ist unser zweiter Sieg in Le Mans vielleicht noch höher zu bewerten als der erste.

Gleichzeitig war der Doppelsieg in Le Mans ein Meilenstein für die Motorenentwicklung, denn die beiden Infineon Audi R8 wurden von FSI-Motoren angetrieben.

Die Benzindirekteinspritzung steht bei Audi unmittelbar vor der Serieneinführung. Auf diese Weise profitiert der Kunde direkt von den Erfahrungen aus dem Motorsport.

Wir freuen uns darüber, die 24 Stunden von Le Mans ein zweites Mal in Folge gewonnen zu haben und auch über die konstante Leistung während der gesamten Saison, in der wir die Titel in der Hersteller-, Team- und Fahrerwertung der American Le Mans-Serie erfolgreich verteidigt haben. Darüber hinaus waren auch das Champion-Team und das Johansson-Team durch gute Platzierungen mit dem Vorjahres-R8 hervorragende Audi Botschafter.

In diesem Buch kommen Menschen zu Wort, die maßgeblichen Anteil am Erfolg des R8 Projekts haben - sie stehen stellvertretend für die gesamte Audi Mannschaft, die zurecht stolz auf das Geleistete sein darf. Gleichzeitig soll dieses Buch die Erinnerung an einen Mann wach halten, den wir alle nicht vergessen werden: Michele Alboreto.

Foreword

The Le Mans 24 Hour race of 2001 will not only take a very special place in the successful motorsport history of Audi AG. Even experienced Le Mans pilots like Jacky Ickx claim never to have seen so much rain as this year at the motorsport classic. To bring the two Infineon Audi R8's across the finish line in places one and two through at times torrential rain was anything else but easy. For this reason our second win at Le Mans is perhaps even more precious than the first.

At the same time our double victory in Le Mans marked a milestone in engine development, with both Infineon Audi R8's powered by FSI engines.

The direct fuel injection will shortly be introduced to standard production at Audi. In this way our customers profit directly from our motorsport experiences.

We are delighted to have won the Le Mans 24 Hour race twice in succession, and we're also pleased about the consistent performance over the entire season, in which we successfully defended the manufacturers', team and drivers' titles of the American Le Mans Series. Additionally, the Champion and the Johansson teams were excellent ambassadors for Audi with their good placings racing last year's R8's.

In this book the people who played a decisive role in the success of the R8 project share their thoughts - in doing so they represent the entire Audi squad who can be justifiably proud of their achievements. At the same time, this book will keep the memory of a man alive, a man we will all never forget: Michele Alboreto.

Nachtschicht
Nightshift

Schichtwechsel

Change of shift

Wasserspiele
Splashing about

Farbenspiele
Play of colours

Rücklicht

Rear light

Blitzlicht

Flashlight

Arbeitsplatz

Place of work

by Emanuele Pirro

Für einen Außenstehenden sieht mein Arbeitsplatz im Infineon Audi R8 wegen der vielen Schalter und Knöpfe auf den ersten Blick recht kompliziert aus. Aber wenn man im R8 zu Hause ist, dann ist eigentlich alles ganz einfach. Audi weiß, dass sich der Fahrer im Auto wohlfühlen muss. Deshalb hat man uns von Anfang an bei der Gestaltung des Cockpits mit einbezogen und auf unsere Vorschläge gehört. Das Resultat ist ein ergonomisch sehr gut gestaltetes Cockpit, das uns Fahrern das Leben leichter macht. Die wichtigen Schalter und Knöpfe sind alle sehr gut erreichbar.
Regelmäßig benötigte Knöpfe befinden sich direkt am Lenkrad. Am häufigsten wird dabei der „Radio"-Knopf benutzt, um per Funk mit der Box zu kommunizieren. Sehr wichtig ist auch der „Pit Speed Limiter". Er ermöglicht es uns, in der Boxengasse exakt die zulässige Höchstgeschwindigkeit einzuhalten.
Mit einer Dreiergruppe von Drehschaltern auf der rechten Seite des Armaturenbretts können wir verschiedene Kennfelder der Motorelektronik auswählen. Bei einem Turbomotor ist die Leistungsentfaltung ziemlich aggressiv, deshalb lässt sich die Kraft im Regen schrittweise reduzieren. Über den grünen Knopf am Lenkrad aktivieren wir vorübergehend aber wieder die volle Power, zum Beispiel auf längeren Geraden. Sehr oft betätige ich auch das Fernlicht, um Fahrer langsamerer Autos auf mich aufmerksam zu machen – leider nicht mit besonders großem Erfolg...
Dann ist da noch ein Schalter für den Blinker, und einer für die Startfunktion, die uns hilft, nach einem Boxenstopp optimal anzufahren. Sehr wichtig ist im Rennen auch der Schalter für die Reserve-Benzinpumpe des Tanks, die wir einschalten, wenn die Reserveleuchte angeht. Auf Reserve können wir zum Beispiel in Le Mans sicher noch eine Runde fahren, ehe wir zum Nachtanken an die Box müssen.

At first glance my place of work in the Infineon Audi R8 looks really complicated to an outsider, particularly because of all the switches and buttons. But when you're familiar with the R8 then it's really very easy. Audi knows that it's important for a driver to feel good in the car. For this reason they asked us right at the beginning of the project for our input into the design of the cockpit and they took our suggestions into consideration. The result is an ergonomically very well-designed cockpit which makes life for us drivers much easier.
The most important switches and buttons are all within easy reach. Regularly used buttons are positioned on the steering wheel. The most frequently used button is the radio knob which we press to communicate with the pits. A very important feature is the "pit speed limiter" which allows us to maintain the exact legal speed in the pits. On the right-hand side of the dashboard are three rotary switches. These allow us to choose various engine mappings. In a turbo engine the power kicks in quite aggressively, therefore in wet conditions the power can be reduced gradually. By pressing the green button on the steering wheel we can temporarily activate full power as we need it, for instance on long straights. I often use the high beam button as well to let slower drivers know I'm there – although unfortunately it's not very successful...
Then there is a switch for the blinker and one for the start function which helps us to optimally leave the pits. Another very important feature is the reserve fuel pump switch which we activate when the reserve light comes on. On reserve we can usually manage at least another lap in Le Mans before we have to come in to refuel.

Direkt ins Auge springt einem das große Display auf dem Armaturenbrett. Dort stehen uns eine Menge Informationen zur Verfügung, die man über einen Drehschalter auswählen kann. Aber um ehrlich zu sein: Während eines Rennens achtet man nicht darauf. Es werden ohnehin alle wichtigen Daten per Telemetrie in die Box übertragen. Wenn irgend eine Abnormalität auftritt, werden wir per Funk gewarnt. Was man jedoch immer im Auge hat, ist die Rundenzeit. Sie ist dein Freund und dein Feind zugleich, je nachdem, ob sie gut oder schlecht ist. Am Ende einer Runde wird stets die aktuelle Rundenzeit eingeblendet. Noch viel wichtiger ist die sogenannte „Delta-Zeit": Hier wird Meter für Meter permanent angezeigt, ob man im Vergleich zu seiner bisher schnellsten Runde schneller oder langsamer unterwegs ist. Das ist wirklich sehr hilfreich. Am Ausgang jeder Kurve blicke ich auf das Display, um zu sehen, ob ich gut war oder nicht. Auf den Drehzahlmesser achtet man dagegen nicht. Hochgeschaltet wird, wenn eine Reihe von Lampen nacheinander aufleuchtet: erst grün, dann gelb, dann rot. Das Schalten selbst ist sehr einfach. Weil wir mit Wippen am Lenkrad schalten, können beide Hände immer am Lenkrad bleiben. Man kann besser reagieren, wenn das Heck ausbricht. Das Schalten selbst ist kinderleicht. Die Kupplung benötigen wir nur zum Anfahren und Anhalten. Ich bin eigentlich kein Freund der Elektronik, weil die Unterschiede zwischen den Fahrern dadurch kleiner werden. Aber in diesem Fall ist die Elektronik wirklich gut, denn sie verhindert, dass wir beim Herunterschalten den Motor überdrehen können.

Wie in einem Formel 1-Auto sitzt man im R8 sehr tief, die Füße liegen wesentlich höher. Das hat sich als optimale Sitzposition in einem modernen Rennauto erwiesen. Beim Bremsen treten Kräfte von bis zu 3g auf, also das dreifache Eigengewicht. Wenn Beine und Gesäß auf einer Höhe wären, müsste man sich sehr stark mit den Füßen abstützen. Durch die geneigte Sitzposition nimmt das Gesäß einen Teil der Kraft auf. Das Cockpit ist eng, trotzdem aber ziemlich komfortabel. Die Pedale sind breit genug, um für jeden Fahrstil geeignet zu sein. Ich selbst bremse mit dem linken Fuß. Generell muss man sich mit dem Sechspunktgurt so fest wie möglich anschnallen, denn die Fliehkräfte sind enorm. Sehr hilfreich und auch sehr wichtig für die Sicherheit ist die Form des Cockpits im Kopfbereich. Wir sitzen wie in einem Monoposto, an beiden Seiten des Helms sind die Flanken weit hochgezogen und gut ausgepolstert.

Viel gearbeitet haben wir am Luftstrom um das Cockpit herum. Am Anfang wurde mein Helm vom Wind immer nach vorne gedrückt. Inzwischen hat jeder Fahrer einen seiner Sitzposition aerodynamisch angepassten Helm. Dadurch haben wir einen guten Kompromiss erreicht, denn auf den Geraden muss man einfach in der Lage sein, den Nacken etwas zu entspannen. Auch was die Temperaturen betrifft, ist der R8 sehr angenehm. Auf der linken Seite wird das Monocoque wegen der Kühler recht heiß, für ein Rennauto ist das Cockpit des R8 aber ein angenehm temperierter Arbeitsplatz.

Directly in front of you on the dashboard is a large display. At the twist of a switch you´re fed with all sorts of information, but to be honest during a race you don´t have time to look at it. All important data is sent via telemetry back to the pits and when something abnormal happens you receive a warning over the radio. But I always keep an eye on the lap time. It can be your friend or your enemy depending on whether it´s good or bad. At the end of a lap your time appears at the bottom of the display. More importantly though is the so-called "delta" time. Here you´re constantly shown your time differences metre by metre to see if you´re quicker or slower compared to your fastest lap time. That´s very helpful. So after each corner my eyes flick down to check whether I was good or not. We never look at the rev counter, instead we shift up when a row of lights comes on – first to green, then yellow, then red. Gearshifting itself is very easy. By using paddles on the steering wheel to change gears we can keep both hands on the wheel. In this way you can react quicker when you feel the rear becoming unstable. The clutch is only used to start and stop. Actually I´m not really a friend of electronics because the difference between drivers diminishes. But in this case electronics are excellent as they prevent the engine from over-revving when shifting down. Like in a Formula 1 car you sit very low in the R8, with your feet positioned considerably higher. This is the optimal sitting position in a modern race car. Under braking you come close to 3g – that´s three times your body weight. If your legs and bottom were at the same height you´d have to strongly brace yourself using your feet. Thanks to the tilted seating position your rear takes part of the forces. The cockpit is tight but comfortable. The pedals are wide enough to suit all driving styles.
I personally brake with my left foot. Generally you have to be strapped in as tightly as possible with the six-point safety belt as the forces are enormous. Essential and very helpful for safety is the form of the cockpit in the head area. Like in a single-seater we sit so that our helmets are flanked each side by high and well-cushioned head supports. We put a lot of work into the air-flow around the cockpit. In the beginning my helmet was always pushed forward by the wind. In the meantime each driver wears a custom-made helmet that aerodynamically suits our seating positions. Thanks to this we have reached a good compromise. You must have a chance to relax your neck on the straights.
As far as the temperatures are concerned the R8 is very comfortable. The left side of the monocoque gets quite hot because of the radiators, but for a race car the the R8 provides a comfortable temperature to work in.

Wer hier Platz nehmen will, braucht die Lizenz zum Siegen

Those who want to sit here need a licence to win

Crocodile Dindo

by Rinaldo Capello

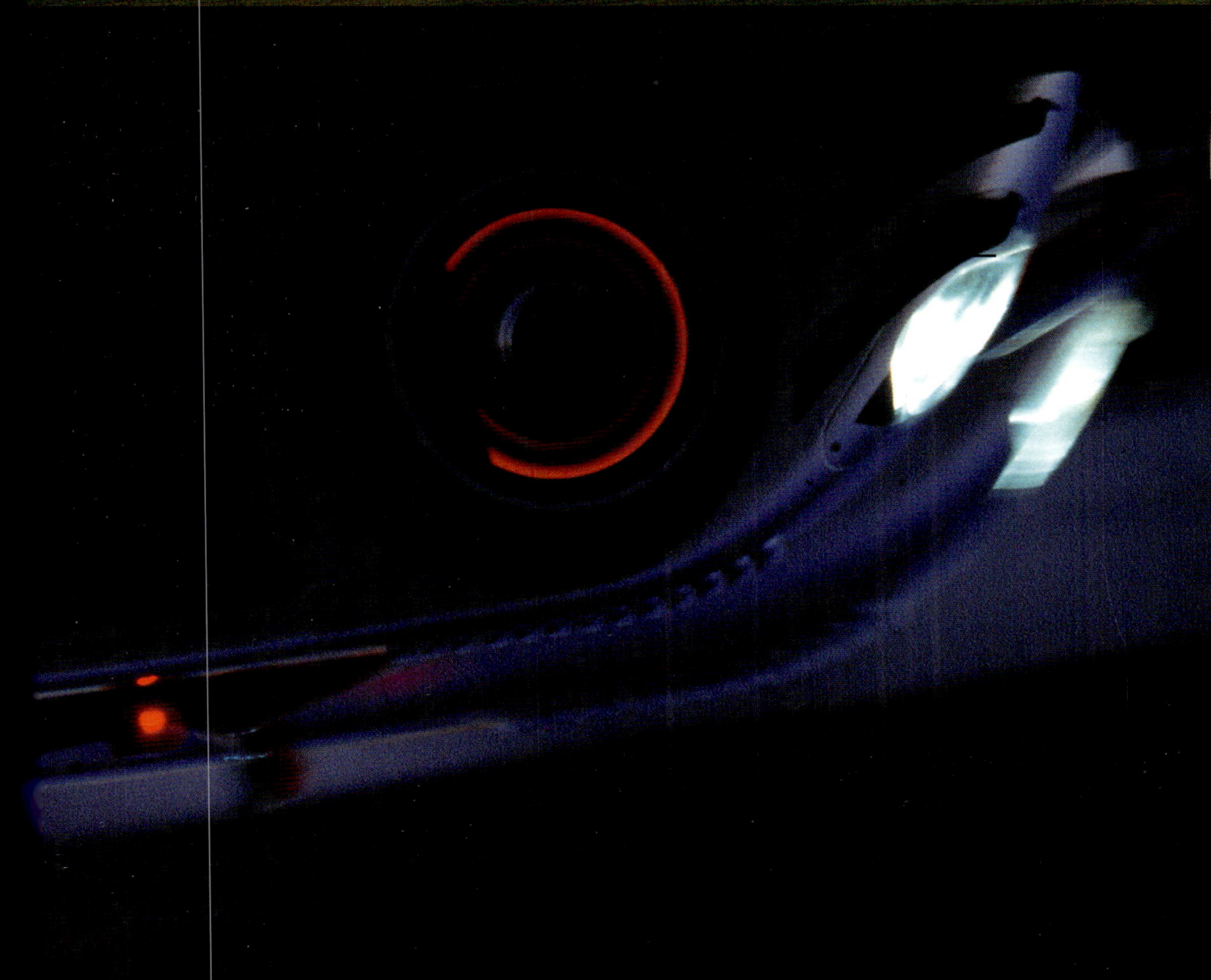

Weihnachten im Flugzeug, Silvester auf der Rennstrecke – das „Rennen des Jahrtausends", wie das Gastspiel der American Le Mans-Serie in Australien hieß, war wirklich etwas ganz Besonderes. Auch wegen der einzigartigen Farbgebung unseres Autos. Der R8, mit dem Allan McNish und ich in Adelaide gestartet sind, war ein echtes Kunstwerk.
Als ich das erste Mal davon gehört habe, dass wir in Adelaide mit einem R8 im Krokodil-Design starten sollten, war ich etwas skeptisch. Denn aus einem Rennauto ein Krokodil zu machen, das nicht albern aussieht, ist nicht einfach. Doch als unser Krokodil in Ingolstadt bei der Le Mans-Siegesfeier 2000 als große Überraschung enthüllt wurde, war ich sofort begeistert. Schon der erste Eindruck war überwältigend, aber noch beeindruckender waren die liebevollen Details. Viele interessante Einzelheiten hat man auf den ersten Blick gar nicht gesehen. Den Audi Designern, die dieses Kunstwerk geschaffen haben, muss man einfach ein riesengroßes Kompliment machen. Das Auto war ein Kunstwerk, nach dem mich viele Leute noch heute fragen.
Auch in Adelaide hat das Krokodil natürlich für mächtig Aufsehen gesorgt. Ich glaube, wir waren in jeder Tageszeitung auf dem Titelbild. Don Panoz und seine Jungs sind gleich als Krokodils-Jäger aufgetreten, und ich hatte meinen Spitznamen weg: „Crocodile Dindo"...

Christmas in a plane, New Year on the race track – the "race of the millennium", as the round of the American Le Mans Series in Australia was called, turned into something very special. Not least because of the stunning painting of our car. The R8, which I shared with Allan McNish in Adelaide, was a real work of art. At first I was sceptical when I heard that we were to compete in Adelaide with an R8 in a crocodile design. I mean, it´s not easy to make a race car look like a crocodile without it looking ridiculous. But when our crocodile was unveiled at the 2000 Le Mans victory celebrations in Ingolstadt as the big surprise I was immediately taken. The first impression was overwhelming. But even more impressive was the loving attention to detail. At first glance you didn´t see all the interesting features. A huge compliment to the Audi stylists who created this work of art. Even today people ask me about it. In Adelaide the crocodile was a sensation. I reckon we were on the cover of every daily paper. Don Panoz and his squad turned up as crocodile hunters and I got the nickname "Crocodile Dindo"...

Le Mans-Feeling am Silvesterabend. Die ALMS „down under"

The Le Mans feeling on New Year's Eve. ALMS "down under"

Das Krokodil zeigt seine Zähne, siegt und verschwindet im Museum

The crocodile bares its teeth, wins and disappears into the museum

Dass wir das Rennen mit dem Krokodil am Ende auch noch gewinnen konnten, war natürlich traumhaft schön. Dabei sah es zunächst gar nicht danach aus, denn in dieser Woche „down under" ging eine Menge schief. Das fing schon mit meiner Anreise an. In Mailand lag am Tag meiner geplanten Abreise soviel Schnee, dass das Flugzeug nicht starten konnte. Ich bin also einen Tag später geflogen, musste eine Nacht in Sydney verbringen, weil ich den Anschlussflug verpasst hatte, und bin wirklich erst auf den letzten Drücker kurz vor dem ersten freien Training in Adelaide angekommen. Ich hatte etwas Sorge wegen des Jetlag, aber ich hatte keine andere Wahl, ich musste mich einfach sofort auf die große Zeitverschiebung einstellen. Dann bin ich auf dem Weg zum Abendessen fast überfahren worden, als wir die Straße überquerten. Ein Auto hat mich nur um zehn Zentimeter verfehlt, weil ich zur falschen Seite geschaut habe – in Australien herrscht ja Linksverkehr. Im Restaurant habe ich dann erfahren, dass während der Olympischen Spiele mehrere Sportler ähnliche Zwischenfälle hatten. Das war eine Lektion, die ich wohl nie wieder vergessen werde.
Kurz vor Trainingsbeginn hat sich dann Allan den Rücken verrenkt, als er für einen Fototermin einen Kilt angezogen hat. Für ihn ging es in Adelaide um den Titel, und plötzlich war es gar nicht sicher, ob er überhaupt würde fahren können. Deshalb musste im Training Brad Jones als Ersatz einspringen. Ich hatte ihn einmal auf einer Party in Ingolstadt kennen gelernt. Ich hatte aber nicht mehr in Erinnerung, wie groß er war. Der arme Brad passte kaum ins Auto und konnte nicht richtig sitzen. Er ist nur wenige Runden gefahren, kam trotzdem immer besser zurecht.
Am Renntag war ich aber dennoch froh, dass Allan wieder halbwegs fit war und fahren konnte. Im Warm-up gab es den nächsten Schreck: In einer schnellen Rechtskurve habe ich plötzlich die Kontrolle über das Auto verloren und bin frontal in die Streckenbegrenzung eingeschlagen. Unser Krokodil war kaputt, und ich war ziemlich verstört, weil ich sicher war, keinen Fehler gemacht zu haben. Ein Streckenposten hat mir dann gesagt, dass sich ein Rad gelöst hatte. Da war ich einerseits erleichtert, andererseits aber besorgt, denn das hätte auch bedeuten können, dass wir im Rennen nicht starten. Der Fehler wurde aber lokalisiert, und die Mechaniker haben wie verrückt gearbeitet, um unser Krokodil für das Rennen wieder fit zu machen. Es hat geklappt: Allan fuhr den Start und hat mir das Auto in Führung liegend übergeben. Als Emanuele im anderen Auto durch ein Missverständnis beim Überrunden rausgeflogen ist, mussten wir für den Sieg nur noch durchkommen. Wir haben es geschafft. Allan hat trotz der Rückenprobleme durchgehalten und sich den Titel gesichert, für mich war es die Krönung einer tollen Saison und der Auftakt einer Serie von fünf Siegen auf drei Kontinenten. In einem Land zu gewinnen, in dem ich noch nie zuvor war, und dann auch noch mit einem so speziellen Auto, war ein ganz besonderes Erlebnis. Die Stimmung in Adelaide war einzigartig, die Begeisterung der Fans unglaublich. Die ganze Stadt war im Rennfieber. So etwas erlebt man nicht alle Tage.

To make things absolutely perfect we even won the race with our crocodile – which was surprising because during the week prior to the race so many things went wrong. It started with the trip "down under". On the day of my departure so much snow lay on the runway at Milan airport that the plane couldn't take off. So I flew off the next day and had to stay overnight in Sydney because I missed my connecting flight. I landed in Adelaide literally just in time for the first free practice. I was a bit worried about jet lag but I had no other choice than to simply get used to the time difference. Then later that evening as we were on our way to dinner I almost got run over crossing the street. I was checking oncoming traffic from the wrong side and a car missed me by about ten centimetres – I forgot that they drive on the left side in Australia. In the restaurant they told me that this happened to a lot of the Olympic athletes. It was a lesson I'll never forget. Shortly before the qualifying session Allan hurt his back as he was changing into his kilt for a photo shoot. Allan was fighting for the title in Adelaide and suddenly he wasn't even sure if he could compete at all. Instead, Brad Jones took his place for the practice. I met Brad for the first time at a party in Ingolstadt and I'd forgotten just how tall he is. The poor guy had to squeeze himself into the car and could hardly sit properly. Although he only drove a couple of laps his performance gradually improved. On race day I was relieved that Allan was feeling a little bit better and could drive. The next scare came during the warm-up. In a fast right-hand corner I

suddenly lost control of the car and hit the barrier head on. Our crocodile was wrecked, and I was really upset because I was sure I hadn't made a mistake. But then a marschal told me he'd seen one of the wheels come loose. On the one hand that was a relief to hear, but on the other it was worrying that perhaps we wouldn't be able to compete. The problem was located and the mechanics worked like maniacs to get our crocodile back in action. It worked. Allan drove first and was leading when he handed the car over to me.
When Emanuele flew off the track after a misunderstanding while lapping another competitor we only had to bring the car home to win. And we did it. Despite his back problems Allan finished the race and secured the title. For me it was the crowning of a great season and the beginning of a series of five victories on three continents. To win in a country where I'd never competed before and with such a special car was a fantastic experience. The atmosphere in Adelaide was unique, the enthusiasm of the fans unbelievable. The whole city was in racing fever. That's something you don't experience every day.

Vorsprung durch FSI-Technik

Advancement through FSI Technology

by Ulrich Baretzky

„Vorsprung durch Technik" ist bei Audi nicht nur ein Firmenslogan, es ist unsere Philosophie. Mit dem ersten Sieg eines Direkteinspritzers in Le Mans haben wir wieder einmal Pionierarbeit geleistet. Denn als wir das FSI-Projekt in Angriff genommen haben, war uns klar: Wenn es uns gelingt, mit einem Direkteinspritzer in Le Mans zu gewinnen, dann wird ab diesem Zeitpunkt im Motorsport eine neue Seite aufgeschlagen. In Zukunft wird man in Le Mans ohne FSI wahrscheinlich nicht mehr gewinnen können. Im Januar 2000 haben wir angefangen, das FSI-System für den V8-Biturbomotor des R8 zu skizzieren, im November lief der erste Motor. Ich erinnere mich noch, dass alle ganz gespannt vor dem Prüfstand standen, als der Startknopf gedrückt wurde. Denn schließlich betraten wir völliges Neuland. Als der Motor auf Anhieb ansprang und brummte, waren wir unserem Ziel schon einen Schritt näher. Allerdings war uns klar, dass wir einen extrem knappen Zeitrahmen hatten. Spätestens im März mussten wir uns endgültig entscheiden, ob wir uns in Le Mans mit FSI-Technik an den Start wagen oder nicht.

"Vorsprung durch Technik" is not just a company slogan at Audi, it is also our philosophy. With the first victory in Le Mans of a car featuring direct fuel injection we once again led the way in technology. When we tackled the FSI project we knew that if we succeeded in winning the Le Mans race with direct fuel injection technology this would mark the start of a new chapter in motorsport. In the future it will very likely not be possible to win in Le Mans without FSI technology.
In January 2000 we began sketching the FSI system for the V8 twin-turbo of the R8, with the first engine running in November. I still remember how we all stood nervously next to the test bed as they pressed the start button. We were about to enter a totally new world. When the engine immediately started and roared into life we were one step closer to our goal. But one thing was certain – we had very little time at our disposal. In March at the latest we had to make a final decision whether we'd dare to use the FSI technology in Le Mans or not.

Die Lichter gingen daher kaum noch aus, selbst über Weihnachten nicht – aber so ist das eben im Motorsport, wo Entwicklungen viel schneller und stets unter einem enormen Zeitdruck über die Bühne gehen. Deshalb ist der Rennsport ja so spannend und ein derart begeisterndes Arbeitsfeld.
Wir mussten die hoch komplexen Zusammenhänge der Direkteinspritzung quasi im Zeitraffertempo lernen und umsetzen. Wie es der Name sagt, wird beim FSI-Motor das Benzin mit einem enormen Druck von 100 bar direkt in den Brennraum eingespritzt und dort mit der Luft möglichst homogen vermischt. Das klingt einfach, ist aber ein sehr komplizierter Prozess, bei dem die Luftbewegungen im Zylinder genau gesteuert werden müssen. Wie im Motorsport üblich, wollten wir zunächst mehr Leistung aus dem Motor herausholen. In dieser Beziehung waren die ersten Ergebnisse jedoch relativ enttäuschend, denn offenbar hatten wir schon mit unserem Saugrohreinspritzer das Optimum erreicht. Durch den vom Reglement vorgeschriebenen Restriktor geht eben nur eine bestimmte Menge Luft durch. Wenn diese optimal mit dem Benzin vermischt wird, gibt es die maximale Leistung – und dies hatten wir bereits sehr gut umgesetzt.
Aber wir haben andere Effekte gesehen: In gewissen Drehzahlbereichen gab es Leistungssprünge von bis zu zehn Prozent bei gleichzeitig acht Prozent geringerem Benzinverbrauch. Ein weiterer positiver Nebeneffekt: Der FSI-Motor springt nach nur zwei Umdrehungen sofort an. Bei hochverdichteten Turbomotoren ist der Startvorgang bisher immer ein Problem gewesen, speziell im heißen Zustand.
Kaum hatten wir aufgrund der positiven Ergebnisse die Entscheidung getroffen, in Le Mans mit dem FSI-Motor zu fahren, traten aber unerwartete Probleme auf. Immer wieder fielen bei Tests Düsen aus, im Hochdrucksystem der Einspritzanlage fanden sich nach Dauerläufen Metallspäne. Wieder haben wir Tag und Nacht gearbeitet, um die Ursache dafür herauszufinden. Schließlich entpuppte sich eine 5-Pfennig-Dichtung in einer Pumpe als Übeltäter. Die Dichtung wurde durch einen Simmerring ersetzt, seitdem gibt es keine Probleme mehr.

U. Baretzky

We worked day and night – even over Christmas – but that's how it is in motorsport where developments have to be accomplished quickly and under enormous time pressure. This is what makes motorsport so exciting and such a fantastic field to work in. We had to learn and realize the highly complex processes of direct fuel injection in an extremely short time.
As the name suggests, in an FSI engine fuel is injected directly into the combustion chamber with an enormous pressure of 100 bars and there it mixes with air as homogenously as possible. It sounds simple, but it is an extremely complex process where the movement of air in the cylinder must be precisely controlled. Like everyone who is involved in motorsport we primarily wanted to get as much power as possible from the engine. In this regard the first results were relatively disappointing. Obviously with our manifold injection we'd reached the optimum. You only get a certain amount of air through the mandatory air restrictors. When this is perfectly mixed with the fuel then you get maximum performance – and this is exactly what we had already managed to do. But we also witnessed different effects: In certain rev ranges there were performance increases of up to ten percent with a corresponding eight percent decrease in fuel consumption. Another positive side effect was that the FSI engine starts after just two revolutions. Starting is always a problem with a high-compression turbo engine, especially when it's hot. Just as we had decided to compete in Le Mans with an FSI engine based on these positive results, several unexpected problems cropped up. During testing nozzles kept failing, and after an endurance run we found metal filings in the high-pressure system of the fuel injection. Again we worked day and night to find the cause. Finally, we found the culprit: It was a two cent seal in one of the pumps. We replaced the seal with a shaft seal and since then we've not experienced any more problems.

Mit dem FSI-Motor beweist Audi einmal mehr „Vorsprung durch Technik"

With the FSI engine Audi once again confirms its slogan "Vorsprung durch Technik"

Diese Dichtung hätte um ein Haar den Einsatz des FSI-Motors in Le Mans verhindert, denn wir wollten natürlich kein Risiko eingehen. Kurz vor dem Rennen wurden innerhalb einer Woche noch einmal zwei Dauerläufe auf dem dynamischen Prüfstand gefahren, um eine Freigabe zu erhalten. Der letzte Einsatzmotor für Le Mans wurde zwei Tage vor der Abreise gebremst... Entsprechend haben wir den Sieg genossen. In kürzester Zeit haben wir mit dem FSI-Motor den Durchbruch geschafft, das war eine unheimliche Teamleistung. Auch die Serienentwicklung profitiert nun von den Erfahrungen, die wir gemacht haben.
Das schönste Kompliment machen uns die Fahrer mit ihren Aussagen. Sie schwärmen, wie sensationell der Motor am Gas hängt, wie schön fahrbar er ist. Wenn der Fahrer aufs Gaspedal tritt, ist die Leistung wie sonst nur bei einem Sauger sofort da. Emanuele Pirro hat uns gesagt, dass das Ansprechverhalten in der Regenschlacht von Le Mans entscheidend war. Wenn man die Leistung nicht so gut hätte dosieren können, wäre das Risiko groß gewesen, im Kiesbett zu landen.

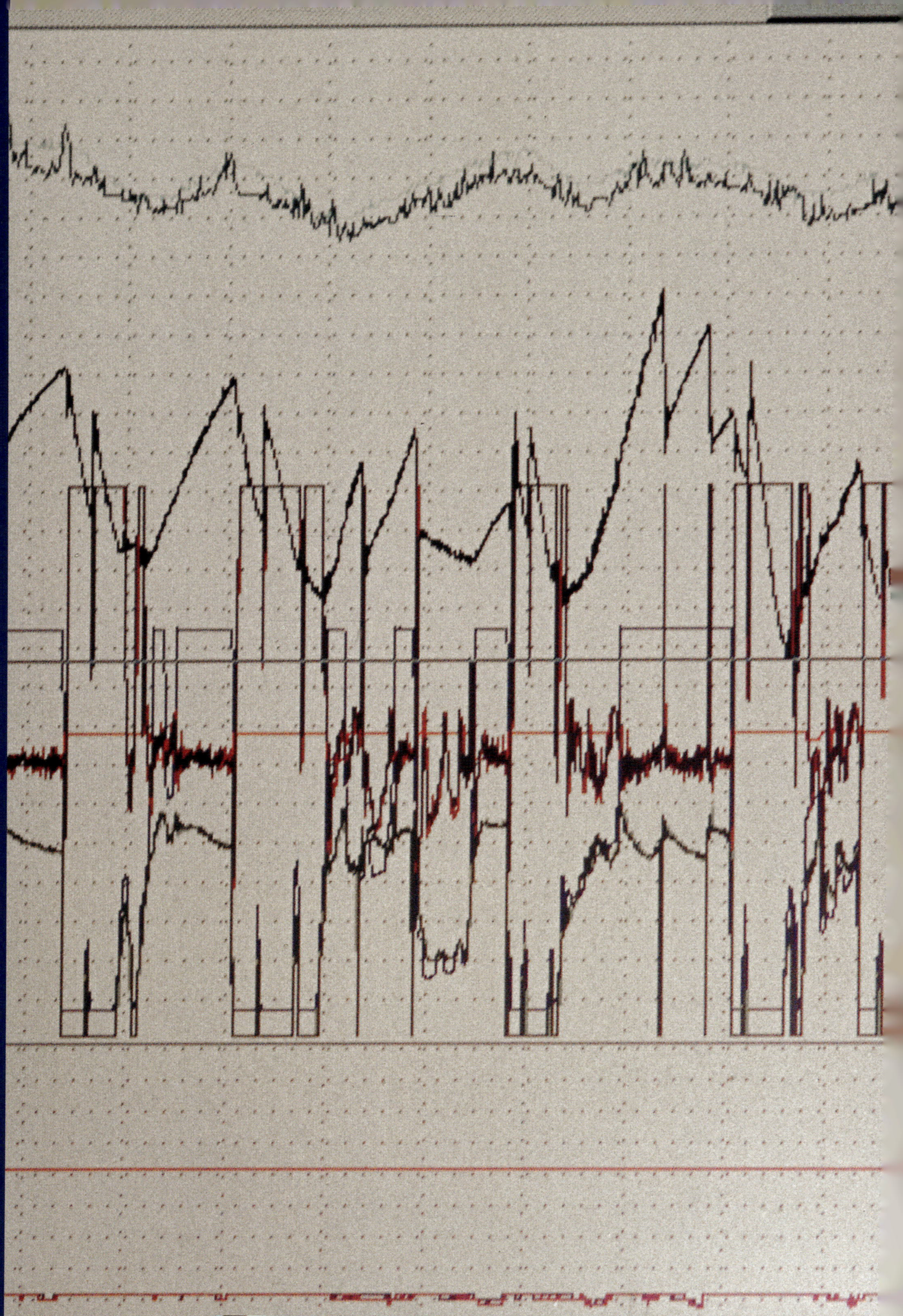

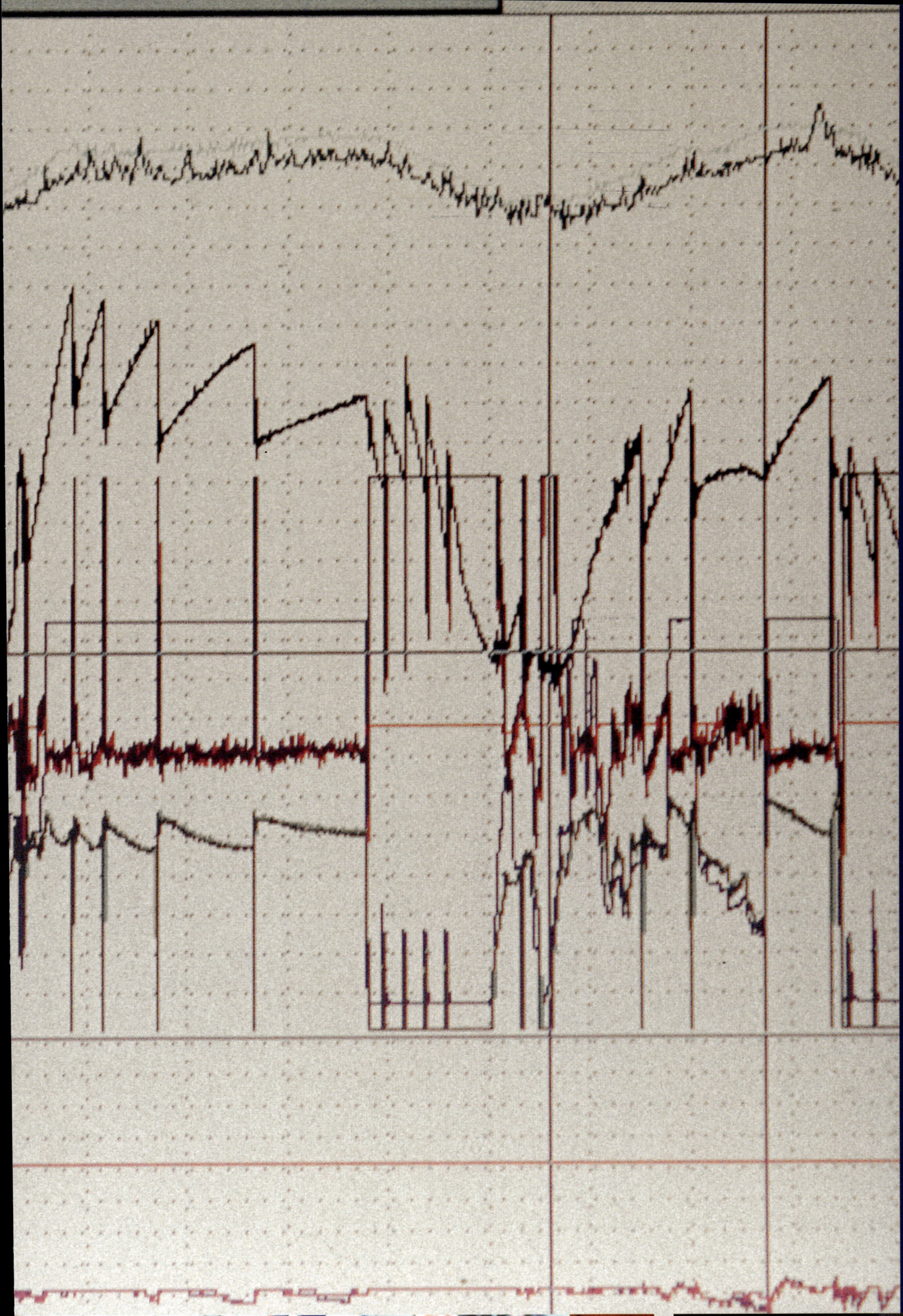

This seal almost prevented us from competing with the FSI engine in Le Mans because of course we didn´t want to take any risks. Shortly before the race we again ran two endurance tests on the dynamic test bed within one week to receive the go-ahead. The last engine for Le Mans was ready just two days before our departure. Needless to say we very much enjoyed our victory. In a very short time we had managed the break-through with the FSI engine and that was an unbelievable team effort. Our standard development also profits from the experiences we made. The best compliments about the engine came from our own drivers: They rave about the sensational throttle response and say the driveability is fantastic. When the driver puts his foot down the power kicks in immediately, like what you normally only experience with a naturally aspirated engine. Emanuele Pirro told us that the response was decisive in the torrential rain at Le Mans. Had it not been possible to dose the power so precisely you would have run a huge risk of ending up in the gravel.

Jetzt sind wir sogar in der Lage, am Start eines ALMS-Rennens die 6-Liter-Sauger von Panoz auszubeschleunigen. Und in Le Mans schaffen wir mit einer Tankfüllung ein bis zwei Runden mehr als mit dem konventionellen Motor. Die Vorteile der FSI-Technologie sind noch größer als erwartet, und wir werden weiter daran arbeiten, das noch vorhandene Potenzial auszunutzen.

T. Andor

Now we are even in the position to outpace the 6-litre normally aspirated cars from Panoz at the start of an ALMS race. And in Le Mans we manage one to two laps more per tank than with the conventional engine. The advantages of the FSI technology are even more than we anticipated.

„Big Brother" ist überall, neuerdings sogar in den Rädern

"Big Brother" is everywhere, lately even in the wheels

MICHELIN
Audi Sport
Audi Sport
Audi Sport
Audi Sport
Audi Sport

VL

position 1

24 Stunden online

24 hours online

by Tomas Andor

Das Rennen des Jahres.
Im Mittelpunkt:
der Infineon Audi R8
und seine Fahrer

*The race of the year.
Centre stage:
the Infineon Audi R8
and its drivers*

Le Mans ist auch logistisch eine sehr komplizierte Aufgabe, die technische Vorbereitung ist extrem wichtig, ebenso die Boxenausstattung. Hinter dem Arbeitsbereich der Mechaniker hatten wir dieses Jahr bei Audi 17 Ingenieure, die an insgesamt 27 Laptops in fünf verschiedenen Netzwerken arbeiteten. Die Telemetrie lief über eine Relaisstation in der Mitte der Rennstrecke und wurde gemeinsam mit weiteren fünf Teams genutzt.
Generell muss man zwischen der Online-Kontrolle und der Datenaufzeichnung im Auto unterscheiden. Der Motoringenieur, der für ein Fahrzeug zuständig ist, muss beides machen. Die wichtigsten Motordaten, aber auch Getriebedaten und die Reifendrucküberwachung, werden direkt per Telemetrie aus dem fahrenden Auto übertragen.
Die 49 Megabyte Feindaten, die im Auto selbst gespeichert werden und bei jedem Boxenstopp ausgelesen werden, dienen der genaueren Analyse.

Le Mans is also a very complicated task when it comes to logistics: technical preparation is crucial, as is the pit equipment. This year at Audi we had 17 engineers working on a total of 27 laptops in five different networks behind the area where the mechanics work. The telemetry was transmitted over a relay station situated in the middle of the race track which we shared with five other teams.
Basically you have to differentiate between the online controls and the data recordings in the vehicle. The motor engineer responsible for the vehicle has to manage both. The most important engine data as well as the gearbox data and the monitoring of tyre pressure are directly transmitted via telemetry from the vehicle on the track.
49 megabytes of detailed data, which is stored in the actual car and then downloaded during each pit stop, provide an exact analysis.

Perfekte Vorbereitung, volle Konzentration – wer in Le Mans gewinnen will, darf nichts dem Zufall überlassen

Perfect preparation, full concentration – those who want to win Le Mans must leave nothing to chance

Das Auslesen der Daten erfolgt in der Box berührungslos, weil in Le Mans das Wechseln der Speicherkarte im Auto ein normaler Arbeitsvorgang ist und auch nur eine begrenzte Anzahl von Mechanikern am Auto arbeiten darf. Ein zusätzlicher Wechsel der Speicherkarte würde uns bei jedem Boxenstopp zehn Sekunden kosten. Generell bekommen wir während eines Rennens viel mehr Daten, als wir überhaupt verarbeiten können. Die Kunst ist es, die richtigen Daten anzuschauen und eventuelle Abweichungen zu bemerken. Da ist Routine gefragt, denn die Telemetrie zeigt uns ja nur Werte, anhand derer wir abschätzen müssen, wo der Fehler steckt und entsprechend reagieren. Dieses Jahr hat Laurent Aiello zum Beispiel nach einer Pace Car-Phase gemeldet, dass der Motor nicht mehr auf allen Zylindern sauber lief.
Da sitzen wir dann vor der Telemetrie und beobachten, was passiert. Wir waren sicher, dass wegen der langsamen Fahrt hinter dem Pace Car nur die Zündkerzen verschmutzt waren – und so war es auch. Hätten wir ihn reingeholt, hätte er unnötige Zeit an der Box verloren. Andererseits hätte er bei einem größeren Problem aber auch auf der Strecke stehen bleiben können. In so einem Fall ist die Anspannung schon sehr groß, denn man muss die richtige Entscheidung treffen. Und das 24 Stunden lang – ohne zu schlafen.

To get hold of the data we simply remove the memory card from the car at every pit stop. We do this because only a limited number of pit crew is allowed to work on the car at one time. If we had to connect the laptop directly to the car this would cost us ten seconds at each pit stop. Generally we receive much more data during a race than we can process. The trick is to look in the right place and to notice any deviations. Here you need experience because the telemetry only shows us the data and our challenge is to assess where the problem might be and to react accordingly. This year, for example, Laurent Aiello radioed us after a safety car phase to say that the engine wasn´t running on all cylinders properly.
So then we sit in front of the telemetry and observe what happens. We were sure there was some spark plug fouling because of the slow speed behind the pace car – and we were right. Had we called him in we would have lost time unnecessarily in the pits. On the other hand if the problem had been more serious he could have been stranded out on the track. In such a case the stress is extreme – we´re under a great deal of pressure to make the right decision... and this for 24 long hours without sleep.

Die Le Mans-Trophäe muss vor dem Start zurück gegeben werden. 24 Stunden später hat Audi sie wieder

The Le Mans trophy must be given back prior to the start. 24 hours later Audi has it again

TOTAL

TOTAL
DUNLOP
LE MANS

1
Infineon
2
Infineon
Panasonic Car Audio
MAHLE
MICHELIN

Regenschlacht

Rain battle

by Tom Kristensen

infineon

infineon

AUDI
Audi Sport
Team Joest
F. Biela
T. Kristensen
E. Pirro
46
45
Panasonic
Car Audio
Audi Sport Team Joest

Ich habe die 24 Stunden von Le Mans nun schon dreimal gewonnen. Der Sieg in diesem Jahr war aber ein ganz außergewöhnlicher, denn das Wetter war einfach unfassbar. Regen, Regen, Regen – ich bin im gesamten Rennen keine einzige Runde auf Slicks gefahren! Jacky Ickx hat hinterher auf dem Siegerpodest zu Frank und mir gesagt, dass er während der 24 Stunden noch nie so viel Regen erlebt hat. Und er kennt Le Mans schon sehr lang...
Für uns Fahrer war es ein extrem schwieriges Rennen, weil man im Regen permanent unter totalem Stress steht. Normalerweise gibt es in Le Mans während einer Runde immer ein paar Gelegenheiten, etwas durchzuatmen. Nicht so, wenn es regnet. Der ganze Körper ist ständig voll angespannt, selbst auf den Geraden, auf denen du dich sonst etwas erholen kannst. Im Regen sind die Geraden dagegen besonders anstrengend, denn bei den hohen Geschwindigkeiten musst du dich extrem konzentrieren. Zeitweise stand so viel Wasser auf der Strecke, dass wir nicht einmal geradeaus Vollgas fahren konnten. Wir hatten ständig Aquaplaning, immer wieder stand das Auto quer. Du kannst in solchen Situationen eigentlich nichts tun, außer ganz vorsichtig Gas zu geben und versuchen, das Auto gerade zu halten.

Nicht nur auf der Strecke ist Audi stark, auch in der Box klappt alles perfekt

Audi is not only strong on the track, in the pits everything works perfectly as well

I've won the Le Mans 24 Hour race three times, but victory this year was an extraordinary one. The weather was simply unbelievable. Rain, rain, rain – not once over the whole race did I drive on slicks! Jacky Ickx said to Frank and me afterwards on the podium that he'd never experienced so much rain during the 24 Hours. And he's been coming to Le Mans for years...
For us drivers it was an extremely difficult race because in the rain you're under constant stress. Normally in Le Mans you have a couple of chances per lap to catch your breath. But not when it rains. Your whole body is constantly tensed, even on the straights where you can usually relax a bit. When it rains the straights are particularly demanding. Because of the high speeds you have to totally concentrate. Sometimes the water lay so deep on the circuit that we weren't able to drive full speed at all on the straights. We were constantly aquaplaning and the car kept coming sideways. There is not a lot you can do in such situations apart from accelerating carefully and trying to keep the car straight.

2
Infineon
L. Aiello
R. Capello

Infineon

2

Die Nachtarbeit ist in Le Mans besonders faszinierend. Und sie hält wach

The night shift in Le Mans is particularly fascinating... and it keeps you awake

W. Bogner F. Piech F. Garcia Sanz Ehepaar Büchelhofer

Mental ist ein Regenrennen unheimlich anstrengend. Du weißt, dass es im Regen viele Unfälle und Dreher gibt und wartest förmlich darauf, dass ein Hindernis auftaucht. Gleichzeitig siehst du aber kaum etwas, weil die Gischt zwischen den Bäumen hängen bleibt und über der Strecke steht. Du fährst also mit über 300 die Geraden herunter und kannst nicht erkennen, was vor dir los ist. Das ist sehr gefährlich und anstrengend. Ich erinnere mich noch gut daran, als ich während des Rennens zum ersten Mal ins Auto gestiegen bin. Das Safety Car war draußen, aber es stand so viel Wasser auf der Strecke, dass ich weder das Safety Car noch irgend etwas anderes vor mir sehen konnte! Ich fühlte mich auch wie in einer Badewanne, denn das Cockpit stand voller Wasser. Man hatte uns versichert, dass dies für die Technik kein Problem wäre. Aber wenn du mitten im Wasser sitzt, fängst du doch an, dir Gedanken zu machen. Vor allem, wenn du beim Lenken spürst, wie das Wasser im Cockpit hin und her schwappt. So etwas hatte ich noch nie erlebt. Es gibt ja Fotos, auf denen man das Auto vor lauter Wasser kaum noch sieht. Es war wirklich unglaublich...

Le Mans, das heißt auch 24 Stunden lang Party in der Audi Hospitality
Le Mans also means a 24 hour non-stop party in the Audi hospitality

Mentally a wet race is unbelievably demanding. You know that many accidents and spins happen in the rain and so you wait for something to appear in front of you. At the same time the visibility is poor because of the mist hanging in the trees and over the track. There you are driving at 300 along the straight and you can´t see a thing ahead of you. It´s very dangerous and strenuous. I still remember clearly when I climbed into the car for my first stint during the race. The safety car was out but there was so much water on the track that I couldn´t see it, nor anything else in front of me! The cockpit was so full of water that it felt like I was sitting in a bath. They assured us that this wasn´t a problem technically but when you are sitting in water you begin to worry. Particularly when you feel how the water laps from side to side in the cockpit when you steer. That was a premiere for me. There are even photos where you can hardly see the car for so much water. Really, it was unbelievable...

U. Schumacher

F.-J. Paefgen *König Juan Carlos*

H.-H. Nagel *Ehepaar Haberl*

No Angels

Es ist vollbracht, Audi hat erneut das härteste Rennen der Welt gewonnen

Die nächste Erinnerung, die ich an das Rennen habe, stammt aus der Nacht. Der Regen hatte seit einiger Zeit aufgehört, doch die Strecke trocknete nur sehr langsam ab. Als ich das Auto von Frank übernahm, entschieden wir, Intermediates aufzuziehen. Ich glaube, ich war zu diesem Zeitpunkt der erste im ganzen Feld, der mit Intermediates fuhr, und es war wahnsinnig schwierig, die Reifen auf der feuchten und rutschigen Strecke auf Temperatur zu bekommen. Die erste halbe Stunde war ein absoluter Albtraum. Es waren die schlimmsten Minuten, die ich je in einem Rennauto erlebt habe – noch viel schlimmer als der große Regen. Wieder auf Regenreifen zurück zu wechseln, kam nicht in Frage. Das hätte zu viel Zeit gekostet. Also musste ich draußen bleiben und versuchen, Temperatur in die Reifen zu bekommen. Und das ist leichter gesagt als getan. Du brauchst unheimlich viel Geduld. Du versuchst, die Hinterräder mit etwas Wheelspin warm zu kriegen. Du bremst sehr hart, um die Vorderreifen aufzuheizen. Das Risiko, dass die Räder blockieren, ist aber sehr groß. Es war wirklich eine Geduldsprobe, doch sie hat sich ausgezahlt. Denn als die Reifen endlich auf Temperatur waren, konnte ich sehr schnelle Zeiten fahren – das war ein Schlüssel zum Erfolg.

Noch einmal spannend wurde es am Morgen. Wir lagen klar an der Spitze, deshalb haben sich viele Journalisten gewundert, weshalb ich noch wie verrückt Gas gab. Zu diesem Zeitpunkt hatten wir aber bereits ein kleines Problem mit dem Getriebe, der vierte Gang ließ sich nicht mehr richtig einlegen. Als es so stark regnete, haben wir oft bei Halbgas geschaltet. Das Getriebe ist aber dafür ausgelegt, dass bei Volllast geschaltet wird. Deshalb war die Belastung im Regen viel größer.

They did it – Audi again won the toughest race in the world

My next memory I have of the race is from the night. The rain had stopped for some time and the track was taking ages to dry up. When I took over the car from Frank we decided to put on intermediates. I think I was the first driver in the entire field to go out on intermediates and it was almost impossible to get the tyres warm on the damp and slippery track. The first thirty minutes were an absolute nightmare. They were the worst moments I´d ever experienced in a race car – much worse than the heavy rain. To switch back to wet tyres was out of the question because it would have cost too much time. So I had to stay out and try to build up some temperature in the tyres. That´s easier said than done. You need a huge amount of patience. You try to warm the rear tyres with a little wheelspin. Then you have to brake very hard to warm the front tyres – but there´s a big risk of locking up the wheels. It was a real test of patience but it paid off. Once the tyres finally warmed up I was able to put in very quick times – that was one key to our success. The next challenge cropped up in the morning. Many journalists thought I was crazy to drive so fast when we were clearly leading. But at this point I was experiencing a minor gearbox problem, and had trouble selecting fourth gear. During the rain we had shifted gears very often at half load but the gearbox was designed to shift at full load. For this reason the stress had been much greater in wet conditions.

Nach 24 Stunden höchster Anspannung wird besonders ausgelassen gefeiert

Uns war also klar, dass wir das Getriebe würden wechseln müssen. Ich stand unter dem enormen Druck, die dafür nötige Zeit herausfahren zu müssen. Das ist mir gelungen, und die Jungs haben das Getriebe dann noch schneller gewechselt als erwartet – damit hatten wir das Rennen gewonnen! Le Mans 2001 war wirklich die Hölle. Dass wir es unter diesen extrem schwierigen Bedingungen geschafft haben, macht mich um so stolzer. Dieses Rennen werde ich nie wieder vergessen. Auch nicht, mit welcher Motivation und Energie die Mechaniker den entscheidenden Getriebewechsel durchgeführt haben. Sie haben unter größtem Stress alles richtig gemacht. Schließlich ging es für sie und uns in diesen Minuten um Sieg oder Niederlage. Sie haben perfekt gearbeitet. Und wir haben gewonnen.

After 24 hours of extreme tension the celebrations are a great chance to let off steam

We knew we had to change the gearbox, so I came under huge pressure to make up enough time for a pit stop. But I managed it and the crew did a terrific job changing the gearbox much quicker than we anticipated – that´s how we won the race!
Le Mans 2001 was hell. That we managed to win under such difficult conditions makes me even more proud. This is a race I´ll never forget. And I´ll also never forget how the mechanics worked with so much motivation and energy to make the decisive gearbox change. Under extreme pressure they did everything right – after all, in these minutes it meant victory or defeat for us all. They did a perfect job and we won.

Le Mans im Sixpack

Le Mans in a sixpack

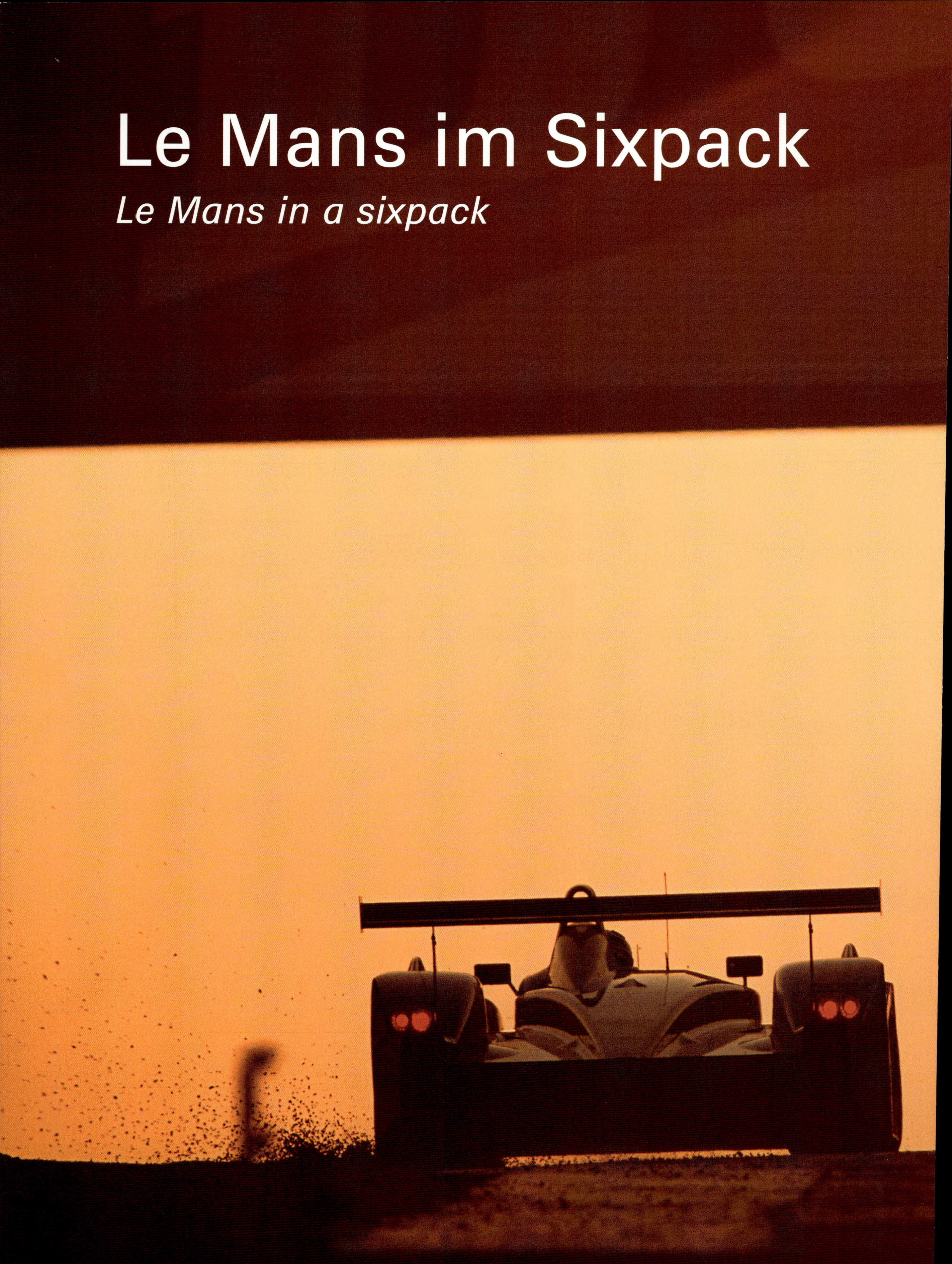

Tertre Rouge

by Rinaldo Capello

Bei Start und Ziel fühlt man sich in Le Mans noch wie auf jeder anderen permanenten Rennstrecke. Erst nach der Schikane ändert sich der Charakter. Wenn man durch den Dunlop-Bogen hindurch auf das schnelle „S" von Tertre Rouge zufährt, merkt man, dass Le Mans keine normale Rennstrecke ist.
Der Typ des Asphalts, die Art der Randsteine, die kleinen Auslaufzonen – alles ist etwas anders.
Das „S" ist sehr schnell und für mich das „Golden Gate" von Le Mans. Hier beginnt die Legende von Le Mans, denn es führt dich auf die legendäre Hunaudières-Gerade, die so viel Geschichte geschrieben hat. Dieser erste Abschnitt in Le Mans gefällt mir sehr gut. Das „S" ist sehr wichtig, weil man den Speed auf die Gerade mitnehmen muss. Für mich ist dieser Übergang von einer permanenten Strecke zum nicht permanenten Teil eine ganz entscheidende Passage.

On the finish straight Le Mans feels like any permanent race track. Only after the first chicane does the character change. When you drive through the Dunlop curve and enter the fast "S" of the Tertre Rouge you then notice that this is not a normal race track. The type of asphalt, the form of the kerbs, the small run-off zones – everything is different. The "S" is incredibly fast and for me it´s the "Golden Gate" of Le Mans. Here the legend of Le Mans begins. Tertre Rouge leads to the legendary Hunaudières straight which has written so much history. I very much like this first part of Le Mans. The "S" is extremely important because you have to carry speed with you onto the straight. For me the transition from the permanent track to the non-permanent passage is particularly decisive.

Hunaudières

by Emanuele Pirro

Als ich das erste Mal in Le Mans gefahren bin, gab es auf der Hunaudières-Geraden noch keine Schikanen. Das war wirklich beängstigend, es wurden unglaubliche Geschwindigkeiten erreicht. Dank der beiden Schikanen ist die Gerade heute nicht mehr so gefährlich, sie ist sogar ein Freund, weil man sich etwas erholen kann – gerade in einem Auto wie dem R8, der sehr ruhig und angenehm zu fahren ist. Man fühlt sich auf den Geraden ganz einsam, weil dort keine Zuschauer sind. Allerdings muss man aufpassen, dass es bei den hohen Geschwindigkeits-Differenzen zu keinen Missverständnissen kommt. Generell fährt man meistens in der Mitte der Strecke, weil man sich instinktiv von den Leitplanken fern hält. Die Schikanen selbst sind kein großes Problem. Wichtig ist, den richtigen Bremspunkt zu finden, speziell in der Nacht, und gut zu beschleunigen.

When I first drove in Le Mans, Hunaudières was still without chicanes. It was really frightening, you reached unbelievable speeds. Thanks to the two chicanes this straight is no longer as dangerous today, in fact it's almost a friend because you now get the chance to catch your breath – especially in a car like the R8 which is very smooth and comfortable to drive. There are no spectators on the straight so you can feel quite lonely. With the extreme differences in speed between competitors you have to be particularly careful that there are no misunderstandings. Generally, you try to stick to the middle of the track, simply because you instinctively want to keep as far away from the barriers as possible. The chicanes themselves are not a big problem. It's important to find the correct braking point, especially in the night, and also to accelerate optimally.

Mulsanne

by Laurent Aiello

Am Ende der Geraden muss man vor der Mulsanne-Kurve sehr hart bremsen. Das Anbremsen ist nicht einfach, denn man kommt mit weit über 300 km/h an, in der Kurve fährt man aber mit gerade einmal 80 km/h. Da hat man das Gefühl, stehen zu bleiben. Anschließend beschleunigt man wieder auf über 300 km/h und kommt im sechsten Gang auf eine sehr schnelle Rechtskurve zugeflogen.

Für mich ist das die wohl aufregendste Kurve in Le Mans, denn sie ist unglaublich schnell. Die Kurve ist schon am Tag schwer, noch schwieriger ist sie aber in der Nacht, weil man sehr wenig sieht. Man bremst die Kurve ganz spät und nur ganz leicht an. Besonders gefällt mir, dass man jedes Mal das Gefühl hat, sie geht noch schneller.

At the end of the straight you have to brake really hard before the Mulsanne corner. This braking manoeuvre is not easy because you reach the corner at far more than 300 kph, but then slow down to 80 kph in the corner.
You get the feeling you´re almost at a standstill. Afterwards you accelerate back up to 300 kph and hurtle into the following ultra-quick right-hander in sixth gear. For me this has to be the most exciting corner in Le Mans, because it is incredibly fast. This corner is difficult enough during daylight hours, but at night it´s more challenging because you can´t see much at all. For this corner you brake very late and very gently. What I particularly like is that you always have the feeling you could drive even quicker.

Panasonic Car Audio
infineon
Infineon
MAHLE
MICHELIN
Virage de Mulsanne
Ligne Droite des Hunaudières
Chicane 2
Virage d'Indianapolis
Virage d'Arnage
Chicane 1
Ligne Droite des Hunaudières
Virage Porsche
Les Chicanes Ford
Virage du Tertre Rouge
Start and Finish
„S“ du Tertre Rouge
Courbe Dunlop
Passerelle Dunlop

Indianapolis

by Frank Biela

Die ganze Passage zwischen Indianapolis und Arnage ist ziemlich kritisch. Man neigt dazu, diese beiden langsamen Kurven zu unterschätzen, dabei kann man dort sehr leicht Fehler machen und das Auto wegschmeißen. Aus der Rechtskurve vor Indianapolis kommt man mit sehr hoher Geschwindigkeit heraus, deshalb ist das Anbremsen der nachfolgenden Linkskurve ein Balanceakt. Die Strecke

fällt etwas nach links ab, zudem muss man schon in der Rechts anfangen zu bremsen, wenn das Auto noch gar nicht richtig gerade steht. Das Risiko, dass das kurveninnere Vorderrad blockiert, ist daher sehr groß. Wenn man einmal in der Kurve ist, ist sie sehr schön zu fahren, weil sie überhöht ist und man sehr guten Grip hat. In Arnage seht man aber gleich wieder vor demselben Problem: Weil wir in Le Mans mit relativ wenig Abtrieb fahren und die Strecke dort sehr wenig Grip hat, kann man leicht geradeaus rutschen.

The entire passage between Indianapolis and Arnage is critical. You tend to underestimate these two slower corners and for this reason it´s easy to make mistakes here and throw your car away. You exit the right-hander prior to Indianapolis at extremely high speed, and that makes braking for the following left-hander a real balancing act. The track falls away slightly to the left, and on top of this you have to begin braking for the right-hander even before the car has straightened out. For this reason there´s a high risk that your inside front wheel blocks. Once you´ve entered the corner it´s a wonderful feeling because it´s cambered and the grip is excellent. In Arnage you experience the same problem: Because we compete in Le Mans with relatively little downforce and the passage offers very little grip it´s easy to slide straight on.

Die Porsche-Kurven auf dem neuen Streckenabschnitt sind für mich die schwierigsten und wichtigsten in Le Mans überhaupt. Denn dort kann man viel Zeit gewinnen, aber auch verlieren. Die Kurven sind sehr schnell, und man sieht den Kurvenausgang nicht. Das heißt, man muss instinktiv fahren und braucht in dieser Passage sehr viel Streckenkenntnis, um wenigstens eine dieser Kurven Vollgas zu fahren. Richtig schwierig wird es, wenn man dort auf langsamere Autos trifft. Der Geschwindigkeitsunterschied zwischen einem Audi und einem GT-Porsche ist enorm. Weil die Kurven blind sind, muss man unheimlich aufpassen. Nachts sieht man dort relativ wenig, noch schlimmer ist es natürlich im Regen. Zum Glück ist der Asphalt in diesem Abschnitt sehr eben, weil die Porsche-Kurven Teil der permanenten Rennstrecke sind und es keine Spurrillen von den Lastwagen gibt.

Virage Porsche

by Christian Pescatori

The Porsche curves on the new part of the track are for me definitely the most difficult and important in Le Mans. Here you can win or lose a lot of time. The curves are very fast and you can't really see the exit. This means you have to use your instincts and at the same time you've got to be thoroughly familiar with this passage if you want to drive at least one of the curves flat-out. What makes it extremely difficult is when you encounter slower cars here. The difference in speed between an Audi and a GT Porsche is enormous. With the blind corners you have to take extra care. In the night you hardly see anything, and it's even worse when it rains. Luckily the asphalt in this section is very even because the Porsche curves are a part of the permanent circuit and therefore trucks haven't left any ruts.

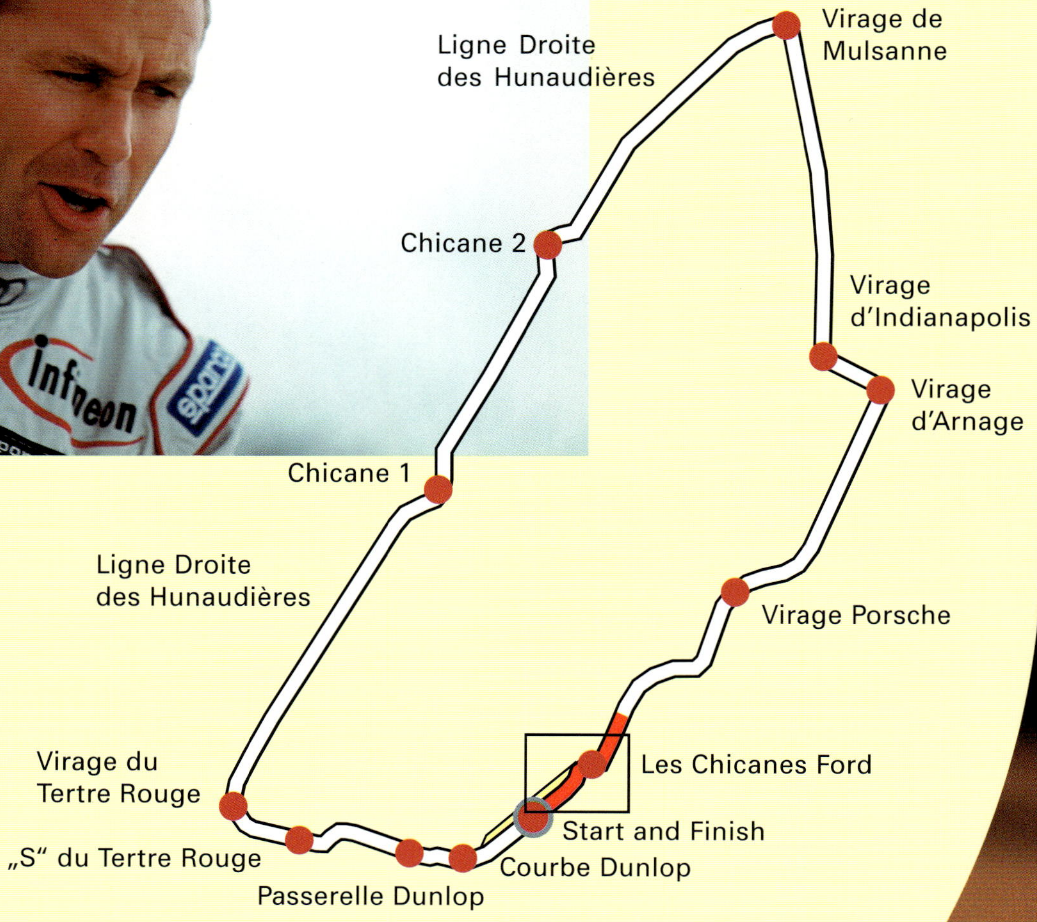

Les Chicanes Ford

by Tom Kristensen

Etwas Besonderes ist die Schikane vor Start und Ziel eigentlich nur nachts. Du bist dreieinhalb Minuten im Dunkeln unterwegs, im Boxenbereich ist dagegen alles hell erleuchtet. Das ist für die Augen nicht einfach. Noch dazu ist der Eingang der Schikane schon am Tag blind, weil man die Linie nicht sehen kann. Man braucht also viel Vertrauen, zumal der erste Teil der Schikane relativ schnell ist. Am Ausgang von Teil eins muss man bereits den zweiten Teil der Schikane anbremsen, der wesentlich langsamer ist. Hier kommt es vor allem darauf an, viel Speed auf die folgende Start-Ziel-Gerade mitzunehmen. Beim Beschleunigen versucht man dann, die Boxentafel zu orten und zu lesen. Oft spricht uns an dieser Stelle auch unser Renningenieur Jo Hausner über Funk an. Er will uns nicht in einer Kurve stören, hier sieht er uns aber und weiß, dass wir Zeit haben, ihm zuzuhören.

The chicane before the finish straight is really only interesting at night. You've been driving for three and a half minutes in the dark and suddenly you enter the brightly lit pit area. That's tough for your eyes to adjust. On top of that, the entrance to the chicane is blind – even during the day – because you just don't see the line. You need a lot of faith, particularly because the first part of the chicane is relatively quick. As you exit the first part you already have to brake for the second part of the chicane which is considerably slower. It's particularly important here to bring as much speed with you as possible into the finish straight. When you accelerate you try to locate and read the pit board. Often at this point race engineer Jo Hausner speaks to us over the radio, because he doesn't want to distract us while we're in a corner, and here he can see us and he knows that we have time to listen to him.

Men at work

by Lothar Beier

Ich bin jetzt seit 34 Jahren bei Joest. Der Motorsport ist in dieser Zeit zur Leidenschaft geworden und macht mir auch heute noch viel Spaß – auch wenn es für uns Mechaniker früher vielleicht noch interessanter war. Der Kontakt zu den Fahrern war einfach intensiver, es gab viele persönliche Freundschaften. Dafür ist heute alles viel professioneller, auch die Zusammenarbeit mit Audi. Wir haben zwar viel Erfahrung in das Audi Projekt eingebracht, aber Dinge wie die Laufzeiterfassung von Teilen haben wir vorher gar nicht gekannt. Man musste sich erst daran gewöhnen, dass Audi alles vorgibt. Trotzdem liegt noch viel Verantwortung bei uns, denn wir setzen die Autos ja schließlich ein.

I´ve been at Joest for 34 years. Over this time motorsport has become a passion and even today gives me great pleasure – even if things were perhaps much more interesting for us mechanics in the past. The contact with the drivers was simply much more intensive and we built up many personal friendships. However, today everything is much more professional, even the cooperation with Audi. We contributed a lot of experience to the Audi project, but previously we didn´t know things like the recording of components´ running time. You first have to get used to the fact that Audi decides. Still, much of the responsibility lies on our shoulders, because at the end of the day we´re the ones who race the cars.

Sie stehen in keiner Siegerliste, und doch ist jeder von ihnen Teil des Erfolgs

They aren't mentioned in any winners´ list and yet every one of them is a part of the success

R.Capello
T.Kristensen

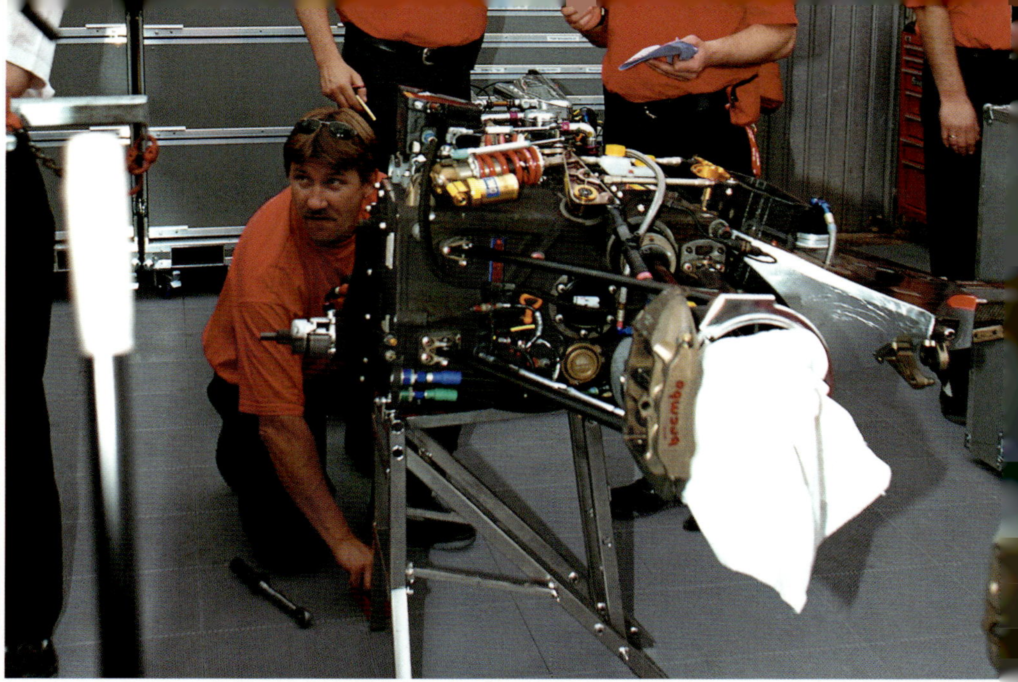

2
Audi Sport
Team Joest
1

Meine Aufgabe ist, die Crews der beiden Fahrzeuge zu koordinieren. Natürlich fiebert man bei einem Rennen mächtig mit und ärgert sich, wenn ein Fahrer einen Fehler macht, zum Beispiel als Dindo in Mid-Ohio das Pace Car überholt hat. Dadurch hat Audi einen Sieg verloren, aber auch die Fahrzeug-Crew war der Verlierer. Denn auch im Team herrscht ein gesunder Wettbewerb. Manchmal muss ich bei der Rivalität unter den einzelnen Fahrzeug-Crews schlichtend eingreifen, denn im Endeffekt will jeder gewinnen. Das fängt beim Fahrzeugingenieur an und hört bei den Mechanikern auf. Ich habe früher sogar schon einmal erlebt, dass man sich gegenseitig die guten Teile aus der Werkzeugkiste geklaut hat...

Wenn man für ein Auto verantwortlich ist, gibt es natürlich auch eine gewisse Nervosität. Aber prinzipiell weiß jeder von uns ganz genau, was er zu tun hat. Auch bei einem Hinterwagenwechsel wie in Le Mans, der von vier bis fünf Leuten durchgeführt wird. Da muss einfach alles funktionieren, ein guter Mechaniker hat das drin. Das sind die Highlights, die wir Mechaniker in so einem Rennen haben – auch wenn es schöner ist, ohne auszukommen...

Le Mans ist heute wesentlich angenehmer als früher, weil die Autos wartungsfreundlicher geworden sind. Heute wechselt man nur einmal im Rennen die Bremsbeläge, früher musste man alle 40 Minuten einen richtig harten Job machen. Die Werkzeuge waren viel schwerer, das sind ja heute fast schon Spielzeuge. Aber trotzdem sind es in Le Mans für uns auch heute noch zwischen 36 und 40 Stunden nonstop.

It´s my job to coordinate the crews of both cars. Of course, you get caught up in the fever of the race and you get annoyed when a driver makes a mistake, for instance when Dindo overtook the pace car in Mid-Ohio. Due to this Audi lost the victory, and the vehicle crew lost out, as well. There is also a healthy competition running amongst the teams. Sometimes when the rivalry gets too intense between the vehicle crews then I have to step in. In the end, we all want to win: from the vehicle engineer to the mechanics. Earlier, I even witnessed how teams would steal the best parts from each other´s tool cabinets...
When you´re responsible for a car there is naturally a certain nervousness. But principally we all know exactly what we have to do. Whether it´s changing the rear section like in Le Mans which takes four or five people to accomplish. Everything must run like clockwork, and a good mechanic can do this with his eyes closed. These are the highlights for us mechanics – even if it´s better when they don´t happen...
Le Mans is much more pleasant than earlier because the cars have become more service-friendly. These days you only have to change the brake pads once during the race. In the earlier days you had to complete this task every 40 minutes and it was tough work. The tools were much heavier, today they are almost like toys. Nevertheless, Le Mans today means between 36 and 40 hours of non-stop work.

Wenn es sein muss, wird der Hinterwagen des R8 in fünf Minuten gewechselt

If necessary the rear section of the R8 can be changed in five minutes

Einmal Audi, immer

Audi once and forever

by Frank Biela

Als ich 1991 zu Audi kam, gab es für mich ein großes Fragezeichen: Wer war so gut, Audi und der V8, oder Hans Stuck? Als ich noch ein Teenager war und Kart fuhr, war Hans Stuck ein Held für mich. Deshalb war es für mich sehr schwer abzuschätzen, wo ich mich bei Audi einordnen würde. Die Antwort ließ nicht lange auf sich warten:
Der V8 war für damalige Zeiten ein Superauto, das Team phantastisch. Ich wurde in der Audi Familie sofort unglaublich gut aufgenommen und in meinem ersten Audi Jahr gleich DTM-Champion. Ich hätte nie damit gerechnet, auch so viele Jahre später noch für Audi zu fahren. Hersteller kommen und gehen, im Motorsport sind drei Jahre schon eine lange Zeit. Aber für mich gab es nie einen Grund, Audi zu verlassen. Wir hatten immer konkurrenzfähige Autos. Bei Audi habe ich auch zum ersten Mal erlebt, wie spannend und interessant es ist, ein neues Rennauto zu entwickeln. Als ich noch Nachwuchsfahrer war, hatten das immer andere Fahrer gemacht.

When I joined Audi in 1991 there was a huge question mark for me: Who was so good: Audi and the V8 or Hans Stuck? When I was still a teenager and raced karts Hans Stuck was my hero. It was therefore really difficult for me to know where I stood at Audi. I didn´t have to wait long for the answer: At that time the V8 was a super car and the team was fantastic. I was welcomed into the Audi team with open arms and in my first year at Audi I became the DTM champion. I never would have thought I´d still be in motorsport with Audi after so many years. Manufacturers come and go, and in motorsport three years is a long time. But for me I had no reason to leave Audi. We always had competitive cars. With Audi I experienced how exciting and interesting it is to develop a new race car for the first time. When I was a youngster other drivers had always done this.

Audi

Was Audi auszeichnet, ist die Art und Weise, wie gearbeitet wird. Es gibt keine Politik, keine Intrigen, was im Motorsport sehr ungewöhnlich ist. Es wird einfach immer versucht, allen Fahrern die gleichen Möglichkeiten zu geben. Wenn es neue Teile gibt, sind sie für alle da. Das ist wie im Paradies und hilft, immer motiviert zu sein. Man kann sich auf das Team verlassen und sich auf seine Arbeit konzentrieren. Am Rennwochenende gibt es genügend Stress. Wenn der Stress zu Hause weitergeht, nur um sicherzustellen, dass ich beim nächsten Rennen gutes Material habe, dann ist das nicht gut. Audi hat uns auch viel Zeit gegeben, die Umstellung vom Tourenwagen auf den Sportwagen zu bewältigen, die am Anfang schon groß war. Wir hatten den Luxus, viel zu testen.

What makes Audi excel is the way they work. There are neither politics nor intrigue, which is highly unusual in motorsport. They always try to give all drivers the same chances. When new components are introduced everyone gets them. It´s like being in paradise and it helps to stay motivated.
You can totally rely on the team and concentrate on your work. We come under enough stress alone at the race weekends. When you have stress back home just to make sure you get decent material for the next race then it´s not good.
Audi also gave us plenty of time to cope with the switch from touring cars to sportscars, which in the beginning was very difficult. We had the luxury of testing a great deal.

Wie die Zeit vergeht: Seit 1990 fährt und siegt Frank Biela für Audi

How time flies: Since 1990 Frank Biela has been driving and winning for Audi

Szenen einer Ehe: Frank Biela und Audi sind seit mehr als zehn Jahren unzertrennlich

Marital bliss: Frank Biela and Audi have been inseparable for over ten years

Ich habe nie einen Hehl daraus gemacht, dass Langstrecken-Rennen nicht so mein Ding sind, weil man sich ein Auto teilen muss. Aber der R8 macht einfach unheimlich viel Spaß, und mit Emanuele habe ich einen Teamkollegen, auf den ich mich verlassen kann. Wir passen vom Fahrstil sehr gut zusammen, insofern ist das Teilen eines Autos nicht mehr so schlimm. Die beiden Le Mans-Siege waren sicherlich meine wichtigsten Erfolge – auch wenn ich kein Tourenwagen-Rennen und keine Tourenwagen-Meisterschaft missen möchte...

I've never made a secret of the fact that long distance racing is not my thing because you have to share the car. But the R8 is simply great fun to drive, and with Emanuele I have a very reliable team mate. Our driving styles complement each other perfectly, which makes sharing the car not so bad.
The two Le Mans victories were without doubt my most important successes – even if my memories of touring car races and the touring car championship are still very sweet.

Siege in Serie

Winning streak

by Dr. Wolfgang Ullrich

Zehn Rennen, acht Siege für Audi – die Statistik der American Le Mans-Serie 2001 (ALMS) lässt nicht einmal erahnen, wie spannend die Saison war. Jeder einzelne Sieg war hart erkämpft. Der Infineon Audi R8 war zwar erneut das Auto, das es zu schlagen galt. Aber dass der Motorsport in den USA seine eigenen Gesetze hat, ist nichts Neues. Manchmal reicht es einfach nicht, ein Auto zu haben, das zwei Sekunden schneller ist als der Rest des Feldes. Die vielen Gelbphasen bringen die schönste Strategie immer wieder durcheinander. Weil in der ALMS vier verschiedene Klassen gleichzeitig starten, kommt es auch immer wieder zu Zwischenfällen beim Überrunden.

Natürlich haben wir uns das Leben in der Saison 2001 auch selbst schwer gemacht, indem wir zwei Vorjahresautos in die Hände von Kundenteams gegeben haben. Da unser diesjähriger Infineon R8 nur in Details weiterentwickelt wurde, war klar, dass uns Champion und Johansson mit ihren Kundenautos mächtig einheizen würden. Aber Wettbewerb belebt das Geschäft und schärft die Sinne.

Ten races, eight victories for Audi – the statistics of the 2001 American Le Mans Series cannot possibly show just how exciting the season was. We fought hard for each and every victory. Once again, the Infineon Audi R8 proved to be the car to beat. But that motorsport in the USA has its own set of regulations is nothing new. Sometimes it is simply not enough to have a car that's two seconds faster than all the others. The many yellow phases mix up even the most perfect strategies. Four different classes compete in the ALMS and this inevitably leads to incidents during lapping.

Of course we didn't make life particularly easy for ourselves this season, in that we handed over two of our 2000-spec cars to customer teams. Because we had only made modifications to some details in this year's Infineon R8 we realised that Champion and Johansson with their customer cars would put the pressure on. But competition livens up business and sharpens the senses.

Das Werksteam durfte sich jedenfalls nie ausruhen. Die Kundenteams waren von Anfang an stark. Schon in Jarama hätte der Johansson R8 gewinnen können, hätte nicht ein Stein eine Bremsleitung zerschlagen. In Mosport hat Johnny Herbert den in Führung liegenden Emanuele Pirro mächtig unter Druck gesetzt, ehe er beim Überrunden von der Strecke rutschte. Und in Laguna Seca kam Andy Wallace in der Schlussphase Emanuele Pirro bedrohlich nahe, weil dessen Vorderreifen völlig hinüber waren.

The works team never had a chance to relax. Right from the beginning our customer teams were strong. Already in Jarama, the Johansson R8 could have won had a stone not destroyed a brake line. In Mosport Johnny Herbert had put the leading Emanuele Pirro under huge pressure before he spun off the track while lapping. And in the end phase of the Laguna Seca race, Andy Wallace came threateningly close to Emanuele Pirro whose front tyres were completely worn.

Höchste Konzentration in Sebring: In der ALMS darf man sich keinen Fehler erlauben

Total concentration in Sebring: There's not the slightest margin for error in the ALMS

sparco
SANDTLER
Audi Sport
North America

Dass die beiden Werksautos in der zweiten Saisonhälfte mit den neuen FSI-Motoren gefahren sind, verschaffte der Mannschaft von Reinhold Joest und Ralf Jüttner gegenüber den Kundenteams einen kleinen Vorteil. Durch den geringeren Benzinverbrauch des Direkteinspritzers konnten die beiden Infineon Audi R8 immer etwas länger draußen bleiben als die Kundenautos. Dadurch konnte man genau beobachten, mit welcher Strategie die Kunden unterwegs sind. Ob sie zum Beispiel die Reifen wechseln, was in der ALMS genau wie in Le Mans nicht zeitgleich mit dem Tankvorgang erfolgen darf und deshalb viel Zeit kostet.

The fact that both works cars competed with new FSI engines in the second half of the season gave the outfit of Reinhold Joest and Ralf Jüttner a small advantage over the customer teams. Thanks to the lower fuel consumption of the direct fuel injection engine, both Infineon Audi R8s could stay out longer than the customer cars. Therefore we were able to precisely monitor what strategy the customers were using.
For instance, whether they change the tyres, which in the ALMS and in Le Mans is not permitted at the same time as refuelling and therefore costs a lot of time.

Rinaldo Capello gelingt der perfekte Saisonstart: fünf Siege in Folge

Rinaldo Capello makes a perfect start to the season: five wins in a row

Ab Sears Point waren auch unsere alten Freunde von Panoz wieder voll da. Die ersten Rennen fuhr Panoz mit einem neuen Auto, das nicht ausgereift war. Als sie wieder das alte Auto mit dem starken Sechsliter-Motor ausgepackt haben, waren sie sofort wieder voll konkurrenzfähig und der bekannt harte Gegner. In Portland haben sie in einem Foto-Finish prompt gewonnen, womit eine Serie von 14 aufeinanderfolgenden Audi Siegen zu Ende ging.

In Mid-Ohio haben wir eine zweite Niederlage gegen Panoz kassiert – und das war ausgerechnet jenes Rennen, bei dem wir bis zu zwei Sekunden pro Runde schneller waren. Doch immer wieder ist das Pace Car in einem für uns ungünstigen Moment auf die Strecke gefahren. Als Dindo Capello dann auch noch versehentlich am Pace Car vorbeigefahren ist und eine Stop-and-Go-Strafe kassiert hat, war es um den Sieg geschehen.

From Sears Point on our old friends from Panoz were back in full swing. Panoz contested the first races with a new car which was not fully developed. When they then brought out their old car with a strong six-litre engine they immediately became competitive again and we were up against our tough rival once more. They promptly secured a photo-finish victory in Portland, putting an end to our series of 14 consecutive victories. In Mid-Ohio we had to admit defeat to the Panoz for the second time – and of all places that was a race where we were up to two seconds faster per lap. But again and again the pace car came out onto the track at the most inopportune moment for us. When Dindo Capello unintentionally overtook the pace car and received a stop-go penalty, we could forget about winning.

Rot oder gelb? Das Duell der beiden Werks-Audi hält auch die Chefs in Atem

Red or yellow? The duel between the two works Audis even keeps the bosses on edge

Panoz hat in den letzten Rennen der Saison mächtig Druck gemacht und gezeigt, dass das Reglement der American Le Mans-Serie funktioniert: Der Frontmotor-Panoz und der Infineon Audi R8 sind Autos, die kaum verschiedener sein könnten. Trotzdem waren sie oft fast gleich schnell.

Regen ist seit Le Mans kein Angstgegner mehr. Auch in Mosport schwimmt der R8 zum Sieg

Since Le Mans rain is no longer the formidable opponent. The R8 swims to victory in Mosport as well

Over the last rounds Panoz put a huge amount of pressure on us and proved that the ALMS regulations really work: The front-engined Panoz and the Infineon Audi R8 are vehicles that couldn't be more different. Still, often the cars were almost evenly paced.

LYCOS
2
Infineon
www.audiusa.com
HELIX
MAHLE
MICHELIN

Auch haben wir in der Saison 2001 gesehen, dass man im Motorsport einfach nie aufgeben darf. Bei den ersten fünf Rennen hatte immer das „gelbe" Auto die Nase vorne, das schon im Vorjahr den Titel gewonnen hatte. Dindo Capello und Tom Kristensen schienen einfach unschlagbar zu sein. Doch in der zweiten Saisonhälfte hat sich das Blatt gewendet: Die beiden konnten kein Rennen mehr gewinnen, Emanuele Pirro und Frank Biela fuhren dagegen im „roten" Auto mit drei Siegen zum Titel.

We also learned from the 2001 season that in motorsport you should never give up. At the first five rounds the "yellow" car, which had won the title the previous year, was always in front. Dindo Capello and Tom Kristensen seemed to be unbeatable. However, in the second half of the season there was a turn-around in events: The two couldn´t win races anymore. Instead, Emanuele Pirro and Frank Biela took three victories and the title with the "red" car.

Die Wende im Titelkampf: Mit dem Triumph in Mosport rollt die Kugel in Richtung rot

Turning point in the fight for the title: With the triumph in Mosport lady luck turns to red

LYCOS
Infineon
LYCOS

Bis zum Finale in Road Atlanta hatten noch alle vier Audi Werksfahrer Titelchancen, was zeigt, wie ausgeglichen das Fahrerquartett war. Die Team- und Markenwertung der ALMS konnten wir bereits vorzeitig erfolgreich verteidigen.
Ab Mid-Ohio haben auch die beiden Cadillac LMP mit guten Rennergebnissen auf sich aufmerksam gemacht. Und wäre Panoz von Anfang an mit dem bewährten Auto gefahren, hätte es das ganze Jahr über einen spannenden Fight gegeben.

Right up until the final in Road Atlanta all four Audi works pilots had title chances, which just goes to show how equal our driver quartet was. We successfully defended the team and manufacturers´ title of the ALMS even before the end of the season. From Mid-Ohio on the two Cadillac LMP entries also attracted attention with their good race results. Had Panoz competed with their proven car right from the start we would have witnessed an exciting battle over the whole year.

Sebring, Le Mans, Road Atlanta – Audi gewinnt auch den dritten Langstrecken-Klassiker

Sebring, Le Mans, Road Atlanta – Audi also wins the third endurance classic

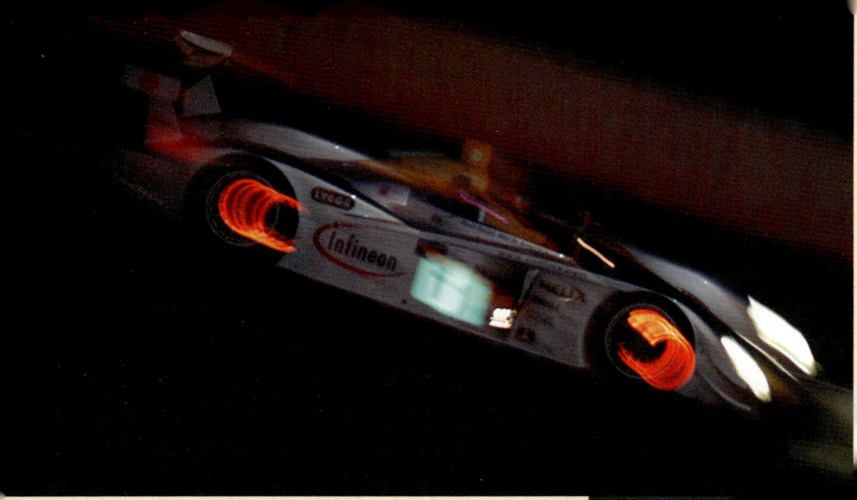

Dabei war es schon so aufregend genug, denn die ALMS-Saison 2001 war nichts für schwache Nerven, zumal auch unsere beiden Werksautos stets freie Fahrt hatten und sich gegenseitig gehetzt haben – bei den Langstrecken-Rennen bis zu zwölf Stunden lang. Trotz dieser enormen Beanspruchung waren unsere Autos nicht nur die Schnellsten, sondern auch die Zuverlässigsten. Nur ein einziges Mal schied ein Infineon Audi R8 durch einen technischen Defekt aus.

Even without this, it was exciting enough. The 2001 ALMS season was not for weak nerves, especially because our two works cars had free rein and chased each other – for up to 12 hours at the long distance races. Despite these enormous challenges our cars proved not only to be the fastest but also the most reliable. Only once did an Infineon Audi R8 retire due to a technical problem.

Am Ende kann nur einer gewinnen. Dieses Mal heißt der ALMS-Champion Emanuele Pirro

In the end only one can win. This time the ALMS champion is Emanuele Pirro

sparco
infineon

Audi Sport
Team Joest
1
MICHELIN

rt North America

Wichtiges Instrument

Important tool

by Len Hunt

Die American Le Mans-Serie war für Audi of America in den letzten zwei Jahren ein wichtiges Marketing-Instrument. Sich in einer technologisch hochkarätigen Rennserie im direkten Wettbewerb gegen andere Hersteller durchzusetzen, macht sich auch im Handel positiv bemerkbar. Das Interesse der Händlerschaft ist riesengroß, an den Rennwochenenden sind bis zu 200 Audi Händler zu Gast. Ich bin überzeugt, dass der R8 als einer der größten Sportwagen in die Geschichte eingehen wird. Ich kenne im Langstrecken-Sport kein anderes Rennauto, bei dem es nur vom Fahrer abhängt, ob man gewinnt oder nicht. Der Druck für die Jungs ist dadurch enorm, aber das diesjährige Fahreraufgebot kam damit bestens zurecht.
Mit der FSI-Motortechnologie, die wir in Le Mans eingeführt haben, nutzen wir das Motorsport-Programm auch als Prüfstand für zukünftige Serientechnik. Wir hoffen, dass wir im nächsten Jahr die erfolgreiche Tradition der letzten beiden Jahre fortsetzen und den dritten Le Mans-Sieg in Folge feiern können.

The American Le Mans Series has been a big part of Audi of America marketing for the past two years. The Audi cars are racing against other manufacturers head-to-head in a technology-driven series that extends right to the showroom. The Audi dealer body embraces Audi´s involvement in the series. On a race weekend, Audi plays host to nearly 200 dealers. The R8 sportscar is proving to be a racer that I believe will go down in history as one of the greatest. As far as I´m aware, there is no other race car in endurance racing that has the human element of the driver as the variable to winning races. That puts tremendous pressure on the boys, but with the solid driver line-up we had this year they were more than up to the task. With the FSI engine technology we introduced in Le Mans, we are truly using the racing programme as a testing field for future road car offerings. We hope that next year we can continue the winning tradition of the past two years and go for a third victory at Le Mans.

commerce nti
commerce nti
LYCOS
LYCOS
Infineon
MICHELIN
MAHLE
MAHLE
MICHELIN
MICHELIN

Ein starker Gegner

A strong rival

by Don Panoz

Leider sehen wir Audi in der American Le Mans-Serie meistens nur von hinten, aber das kann man Audi nicht vorwerfen: Sie bauen nun einmal die besten Autos – und genau die wollen die Fans auf der Rennstrecke sehen. Wenn wir bei Panoz nicht in der Lage sind, Audi zu schlagen, muss unser Team eben daran arbeiten, das zu ändern. Einen besseren und professionelleren Gegner als Audi kann ich mir kaum vorstellen. Wir liefern uns auf der Rennstrecke harte Kämpfe, trotzdem ist unsere Beziehung sehr gut und freundschaftlich – genau so stelle ich mir Motorsport vor. Audi ist sehr wichtig für die American Le Mans-Serie, die sich wachsender Popularität erfreut. Immer mehr Fans kommen zu den Rennen, wir haben in den USA eine sehr gute Präsenz im Fernsehen. Das Besondere an der American Le Mans-Serie sind die vielen Überholmanöver, das macht die Serie so einzigartig. Auch der Standard der Fahrer ist sehr hoch. Letztes Jahr gab es beim 12-Stunden-Rennen in Sebring keine einzige Gelbphase. Das spricht für die Fahrer. Ich bin mit der Entwicklung der American Le Mans-Serie sehr zufrieden und freue mich auf weitere Duelle mit Audi – bei denen wir in Zukunft hoffentlich öfter gewinnen...

Unfortunately we have mostly seen the rear of the Audis in the American Le Mans Series, but we can't blame Audi for that: They simply built the best cars – and that is exactly what the fans want to see at the race track. If we at Panoz are not able to beat Audi, then our team simply has to work to change this situation. I can't imagine a better and more professional competitor than Audi. We have tough fights on the track but despite that we have a great and very friendly relationship – that's how motor racing should be. Audi is very important for the American Le Mans Series, which is becoming more and more popular. We are attracting bigger crowds to the races and we enjoy very good TV coverage in the USA. What makes the American Le Mans Series so special are the many overtaking manoeuvres and this makes the series so unique. The driving standard is also very high. During last year's 12 Hours of Sebring we had not a single caution period. This shows the quality of the drivers. I am very content with the development of the American Le Mans Series and I'm looking forward to more battles with Audi – hopefully we will win more of them in the future...

Der Kunde ist König

The customer is king

by Johnny Herbert
and Stefan Johansson

38
MICHELIN

BROCADE
18
Gulf
MICHELIN

h3watch.com

Gulf
H3WATCH.COM
18
P900
MICHELIN
Hella

Champion und Johansson zeigen, wie gut ein Audi Jahreswagen ist

Champion and Johansson show just how good a second-hand Audi is

38
P900
Champion
25
MOTTER
SALEEN

7
Gulf
MICHELIN
MICHELIN

sjwatches.com
Gulf
Audi Sp

Gulf
ZNETIX
4
DBG
Gulf
sjwatches.com
Hella

by Johnny Herbert

Eigentlich sollte ich für das Champion-Team nur in Le Mans starten. Doch offenbar war Dave Maraj von meiner Vorstellung in Le Mans recht angetan. Also hat er mich gefragt, ob ich nicht auch die restlichen ALMS-Rennen fahren möchte. Der Audi R8 hatte mir schon in Le Mans sehr gut gefallen, er ist ein wundervolles Auto. Audi hat sich in der Sportwagen-Szene großen Respekt verschafft, weil der R8 einfach so gut gemacht ist. Ich bin zuletzt 1992 einen Sportwagen gefahren. Zwischen dem damaligen Auto und dem R8 liegen Welten. Der R8 ist viel einfacher zu fahren. Er hat eine Wippenschaltung, Servolenkung und eine perfekte Balance. Am meisten gefällt mir, dass man das Auto permanent am Limit bewegen kann – von der ersten bis zur 300. Runde. Das ist ganz nach meinem Geschmack, denn ich fahre gerne hart.
Der R8 steckt das locker weg.
Unsere Rolle in der ALMS war großartig. Wir waren die Underdogs, die versucht haben, die „Big Boys" im Werksteam zu schlagen. Wir haben die Werksautos mächtig unter Druck gesetzt. Der einzige Schönheitsfehler ist, dass wir sie nicht schlagen konnten. Das ist etwas enttäuschend, denn wir waren definitiv in der Lage, Rennen zu gewinnen.
Wir hatten als Kundenteam nicht genau das gleiche Material wie das Werksteam, denn unser R8 war ein Vorjahresauto. Aber das Material, das wir bekommen haben, war sehr gut. Das Auto war zuverlässig, es gab keinen einzigen technischen Defekt. Im Qualifying konnten wir den Speed der Werksautos nicht mitgehen, also haben wir uns mehr auf die Rennabstimmung konzentriert. Im Rennen waren wir dann teilweise auch tatsächlich stärker als die Werksautos. Sie hatten mit dem FSI-Motor zwar einen großen Vorteil, weil sie mit einer Tankfüllung mehr Runden fahren konnten. Trotzdem konnten wir das meist wieder wett machen.
Ich hatte lange keine so schöne Zeit mehr wie in diesem Jahr. Der R8 ist wundervoll, das Champion-Team hat wirklich gute Arbeit geleistet, und die Zusammenarbeit mit Andy war einfach traumhaft. Wir haben beide einen ähnlichen Humor, und unser Fahrstil ist fast identisch. Auf jeden Fall weiß ich nach dieser Saison, warum Audi so erfolgreich ist.

Originally I was only supposed to drive for the Champion Team in Le Mans, but apparently Dave Maraj was impressed by my performance, so he asked me if I'd like to contest the rest of the ALMS races. I had really enjoyed driving the Audi R8 in Le Mans, it's a wonderful car. Audi has earned itself a great deal of respect in the sportscar scene because the R8 is simply well made. The last time I drove a sportscar was in 1992. The difference between the car back then and the Audi is huge. The R8 is much easier to drive. It offers paddle shifts, power steering and is perfectly balanced. What I find most satisfying is that you can keep driving the car at the limit – whether it's the first or the 300th lap. This is what I enjoy, because I love to drive hard. The R8 has no trouble coping with this. Our role in the ALMS was fantastic. We were the underdogs trying to beat the "big boys" in the works team. We put the factory cars under extreme pressure. The only negative was that we didn't beat them.
That is somewhat disappointing because we were definitely in a position to win races. As customer teams we didn't have exactly the same material as the works squad, after all our R8 was from last year. But the material we received was very good. The vehicle was reliable and we didn't experience one technical defect. During qualifying we weren't able to match the speed of the works cars, so we concentrated more on the race set-up. In the race we were sometimes even quicker than the works cars. They had a big advantage with the FSI engine because they could manage extra laps on each tank. Still, in most cases we had an answer to this. It's been a long time since I've had as much fun as I did this year.
The R8 is a wonderful car, the Champion Team did a fantastic job, and working with Andy was just great. We share a similar sense of humour and our driving styles are almost identical. In any case, after this season I know why Audi is so successful.

by Stefan Johansson

Seit ich 1999 in Le Mans den R8C fuhr, ist mein Kontakt zu Audi nie abgebrochen. Ich habe schon damals einen Eindruck davon bekommen, wie professionell Audi arbeitet. Und wir haben seitdem ein freundschaftliches Verhältnis. Als ich mich nach einem neuen Chassis umgesehen habe, war für mich klar, dass es ein Audi sein muss. Trotz meiner guten Beziehungen zu Dr. Ullrich und Sigi Krause hat es jedoch eine Weile gedauert, bis ich mit Hilfe von Gulf und meines neuen Partners im Team den Deal mit Audi wirklich in trockenen Tüchern hatte. Es ging hin und her, und ich bin Audi dankbar, dass man soviel Geduld mit mir hatte...

Audi hat uns unheimlich viel geholfen, und das Auto ist wirklich unglaublich gut. Der Audi R8 ist das mit weitem Abstand beste Rennauto, das ich je gefahren bin. Es ist in allen Bereichen gut durchdacht und perfekt gebaut. Wir mussten am Auto während der Saison nichts ändern, das Basis-Setup hat überall auf Anhieb funktioniert. Das war wirklich eine großartige Erfahrung. Natürlich war das Werksteam unser großer Gegner, aber es war ein sehr gesunder Wettbewerb. Wir hatten ein sehr schönes und offenes Verhältnis. Dabei weiß ich zu gut, wie negativ sich so etwas entwickeln kann.

Mit unserem Speed bin ich zufrieden, mit den Ergebnissen nicht ganz. Als neues Team hat man es eben nicht leicht, man lernt ständig dazu. Wir hätten in Sebring besser abschneiden können, Jarama war eine große Enttäuschung, denn dort hätten wir gewinnen können. In Estoril klar in Führung liegend von der Strecke geboxt zu werden, war ein Tiefschlag. Wir mussten einige Enttäuschungen wegstecken, aber letztendlich haben wir unser Ziel, die ELMS (European Le Mans Series) zu gewinnen, erreicht. In Most haben wir unseren ersten Sieg gefeiert. Und wir waren überall in der Lage, das Werksteam herauszufordern. Dass wir immer konkurrenzfähig waren, ist positiv. Ich hoffe, 2001 war erst der Anfang einer langjährigen erfolgreichen Partnerschaft. Audi ist eine phantastische Firma. Damit meine ich nicht nur die Motorsport-Aktivitäten. Ich war schon immer ein Audi Fan, das Styling und das Erscheinungsbild von Audi wirken auf mich sehr ansprechend.

Since 1999, when I drove the R8C in Le Mans, my contact to Audi has never ceased. Back then I already got an impression of how professionally Audi works. And since then we've enjoyed a close relationship. When I was looking around for a new chassis it was clear that it had to be an Audi. Despite my good relationship to Dr. Ullrich and Sigi Krause it still took quite a while before I put the Audi deal together with help from Gulf and my new partner in the team. It went back and forth and I'm very thankful that Audi had so much patience with me... Audi gave us so much assistance, and the car is unbelievably good. The Audi R8 is by far the best car I've driven. It's well thought through in every respect and it's perfectly built. We didn't have to change a thing during the season, the basic set-up worked right from the start. That was really a great experience.

The works teams were of course our toughest rivals, but it was a healthy competition. We enjoyed a very positive and open relationship. I know only too well how negative things can become. I'm happy with our speed, but I'm not so happy with our results. It's not easy to be a new-comer team, there's so much to learn. In Sebring we could have finished better, and Jarama was a huge disappointment. We could have won there. Being kicked from the track in Estoril as we were leading was depressing. We had to put up with several disappointments like this, but in the end we reached our goal by winning the ELMS (European Le Mans Series). In Most we celebrated our first victory. And we were always in a position to challenge the works outfit. It's positive that we were always competitive.

I hope that 2001 was the start of a long and successful partnership. Audi is a fantastic company. And not just in motorsport. I've always been an Audi fan, the styling and the identity at Audi appeals to me greatly.

AudiSport North America
38

38

18
MICHELIN

Stefan Johansson lässt das legendäre Gulf-Design aufleben und gewinnt die ELMS

Stefan Johansson gives the legendary Gulf design a new lease of life and wins the ELMS

Ciao, Michele

by Reinhold Joest

Ich habe Michele Alboreto durch einen gemeinsamen Bekannten kennen gelernt, als er bei Ferrari Formel 1 fuhr. Wir wurden schnell Freunde und sind es bis zuletzt geblieben. Mehr noch: Michele war für mich fast wie ein Bruder, denn wir teilten so viele identische Ansichten. Sein Verlust wird mich noch lange beschäftigen.
Michele hatte einfach eine besondere Art. Er war ein absoluter Gentleman, ein ganz feiner Mensch und von Grund auf ehrlich. Natürlich war auch er ehrgeizig und bestrebt, der Beste zu sein. Aber er hat seine Ziele stets mit seiner charmanten Art erreicht, die im Motorsport nicht alltäglich ist. Egal ob Mechaniker oder Konkurrent: Ich habe bis heute noch niemanden getroffen, der etwas Negatives über den Menschen Alboreto sagen konnte. Seit 1996 fuhr Michele für Joest Racing. Er hatte einen großen Anteil daran, dass wir nach 1996 auch im Jahr 1997 mit einem einzigen Auto, einem relativ kleinen Team und relativ kleinen Budget die 24 Stunden von Le Mans gegen zahlreiche große Hersteller gewinnen konnten.

I met Michele Alboreto through a mutual acquaintance when he was driving F1 for Ferrari. We quickly became friends which remained so until the end. But even more than that, Michele was like a brother to me because we shared so many views. It´ll take a long time to get over losing him.
Michele simply had a special way about him. He was an absolute gentleman, a really fine person and totally honest. Naturally he was ambitious as well and he constantly pushed himself to be the best. But he also reached his goal with a charm that is rare in motorsport. Whether the mechanics or his opponents, to today I´ve never heard anyone say anything negative about Alboreto as a person.
Michele drove for Joest Racing since 1996. He contributed a great deal when we won the Le Mans race in 1996 and 1997 with only one car, a relatively small team and a comparatively small budget against many large manufacturers.

Michele war derjenige, der die ganze Entwicklungsarbeit mitgemacht hatte. Der Sieg war aber auch für Michele persönlich sehr wichtig, denn für ihn war es nach einer schwierigen Zeit mit bescheidenen Material die Bestätigung, dass er noch immer der gleiche schnelle Mann ist, der vor allem auch sehr großes technische Verständnis hat.
Deshalb war Michele auch beim Audi Projekt von Anfang an mit dabei. Dort hat er sich wohl gefühlt und große Erfolge gefeiert. Im ganzen Hause Audi war er als Gentleman angesehen und beliebt.

Michele was someone who contributed to the entire development work. Victory was also very important for Michele personally, because for him - after a difficult time with inferior material – it was a confirmation that he still had the speed, and that above all he had a great deal of technical competence. For this reason, Michele also played a part in the Audi project from the very beginning. He felt good there and celebrated great successes. In the entire Audi enterprise he was seen as a gentleman and very popular.

Michele Alboreto war nicht nur ein großer Rennfahrer. Er war ein echter Gentleman

Michele Alboreto was not just a great race driver. He was a real gentleman

Marlboro
FIAT
FIAT
Agip

24 HEURES DU MANS 2000
7
Panasonic Car Audio
Panasonic Car Audio
Infineon technologies
MICHELIN
MICHELIN

Im März 2001 hat er die 12 Stunden von Sebring gewonnen. Und er war ganz sicher, sich in diesem Jahr auch seinen großen Traum zu erfüllen, mit Audi in Le Mans zu siegen. Am Tag seines Unfalls hat er mich noch angerufen, mir zum Geburtstag gratuliert und geschwärmt, wie phantastisch das Auto ist. „Reinhold", sagte er am Telefon. „Das ist das Siegerauto von Le Mans." Ich bin überzeugt, dass es im Interesse von Michele war, dass wir in Le Mans angetreten sind und gezeigt haben, dass er Recht hatte.

Ein Lächeln, das wir nie vergessen werden

A smile we will never forget

In March 2001 he won the 12 Hours of Sebring. And without doubt he was keen to fulfil his dream to win Le Mans with Audi. On the day of his accident he had called me to congratulate me on my birthday, and he was enthusiastic about how fantastic the car was. "Reinhold", he said to me on the phone, "this is the winning car in Le Mans." I'm convinced that it was in the interest of Michele that we competed in Le Mans and proved that he was right.

Ergebnisse / *Results*

12 Stunden von Sebring / *12 Hours at Sebring*

Sebring (USA), 17. März 2001 / *17 March 2001*
Streckenlänge / *Circuit length:* 5,955 km / *3.700 miles*
Pole Position: Biela/Kristensen/Pirro 1.49,110 min.
Schnellste Runde / *Fastest lap:* Biela/Kristensen/Pirro 1.49,666 min.

	Fahrer *Drivers*	**Fahrzeug** *Car*	**Runden** *Laps*	**Zeit/Rückstand** *Time/Gap*
1.	Aiello/Alboreto/Capello	Infineon Audi R8	370	12:00.38,122 h
2.	Biela/Kristensen/Pirro	Infineon Audi R8	370	+ 0.482 sec.
3.	Kelleners/Schroeder/Wallace	Audi R8	366	- 4 Rd. / *laps*
4.	Johansson/Smith	Audi R8	362	- 8 Rd. / *laps*
5.	Field/Dayton/Sutherland	Lola-Judd	332	- 38 Rd. / *laps*
6.	Gavin/Bocheller/Konrad	Saleen (1. GTS)	332	- 38 Rd. / *laps*
7.	Pilgrim/Collins/Freon	Chevrolet	331	- 39 Rd. / *laps*
8.	Maassen/Luhr/Collard	Porsche (1. GT)	326	- 44 Rd. / *laps*
9.	Pobst/Menzel/Bernhard	Porsche	326	- 44 Rd. / *laps*
10.	Lehto/Müller	BMW	324	- 46 Rd. / *laps*

24 Stunden von Le Mans / *24 Hours of Le Mans*

Le Mans (F), 16./17. Juni 2001 / *16/17 June 2001*
Streckenlänge / *Circuit length:* 13,605 km / *8.450 miles*
Pole Position: Aiello/Capello/Pescatori 3.32,429 min.
Schnellste Runde / *Fastest lap:* Aiello/Capello/Pescatori 3.39,046 min.

	Fahrer *Drivers*	**Fahrzeug** *Car*	**Runden** *Laps*	**Zeit/Rückstand** *Time/Gap*
1.	Biela/Kristensen/Pirro	Infineon Audi R8	321	24:08.05,892 h
2.	Aiello/Capello/Pescatori	Infineon Audi R8	320	- 1 Rd. / *lap*
3.	Wallace/Leitzinger/van de Poele	Bentley	306	- 15 Rd. / *laps*
4.	Beretta/Wendlinger/Lamy	Chrysler	298	- 23 Rd. / *laps*
5.	Deletraz/Fabre/Gene	Reynard-VW	284	- 37 Rd. / *laps*
6.	Rosa/Babini/Drudi	Porsche (1. GT)	283	- 38 Rd. / *laps*
7.	Jeannette/Dumas/Haezebrouck	Porsche	282	- 39 Rd. / *laps*
8.	Fellows/O´Connell/Pruett	Chevrolet (1. GTS)	278	- 43 Rd. / *laps*
9.	Perrier/Neugarten/Smith	Porsche	275	- 46 Rd. / *laps*
10.	Chereau/Dumez/Goueslard	Porsche	274	- 47 Rd. / *laps*

Petit Le Mans

Road Atlanta (USA), 6. Oktober 2001 / *6 October 2001*
Streckenlänge / *Circuit length:* 4,088 km / *2.540 miles*
Pole Position: Capello/Kristensen 1.10,917 min.
Schnellste Runde / *Fastest lap:* Biela/Pirro 1.11,907 min.

	Fahrer *Drivers*	**Fahrzeug** *Car*	**Runden** *Laps*	**Zeit/Rückstand** *Time/Gap*
1.	Biela/Pirro	Infineon Audi R8	394	9:15.57,547 h
2.	Johansson/Lemarié	Audi R8	391	- 3 Rd. / *laps*
3.	Herbert/Wallace	Audi R8	388	- 6 Rd. / *laps*
4.	Angelelli/Tinseau/Taylor	Cadillac	382	- 12 Rd. / *laps*
5.	Goossens/Collard	Cadillac	364	- 30 Rd. / *laps*
6.	Pilgrim/Collins/Freon	Chevrolet (1. GTS)	362	- 32 Rd. / *laps*
7.	Maxwell/Duno/Graham	Reynard-Judd	361	- 33 Rd. / *laps*
8.	Stuck/Said/Auberlen	BMW (1. GT)	360	- 34 Rd. / *laps*
9.	Müller/Müller	BMW	359	- 35 Rd. / *laps*
10.	Brabham/Magnussen	Panoz	358	- 36 Rd. / *laps*

Endstand ALMS 2001 / *Final standings ALMS 2001*

Fahrer / *Drivers*

1.	Emanuele Pirro (I)	Infineon Audi R8	202 Punkte / *points*
2.	Frank Biela (D)	Infineon Audi R8	198 Punkte / *points*
3.	Rinaldo Capello (I)	Infineon Audi R8	175 Punkte / *points*
4.	Tom Kristensen (DK)	Inifneon Audi R8	161 Punkte / *points*
5.	Jan Magnussen (DK)	Panoz	159 Punkte / *points*
6.	Andy Wallace (GB)	Audi R8	153 Punkte / *points*
7.	David Brabham (AUS)	Panoz	145 Punkte / *points*
8.	Johnny Herbert (GB)	Audi R8	113 Punkte / *points*
9.	Stefan Johansson (S)	Audi R8	89 Punkte / *points*
10.	Christophe Tinseau (F)	Cadillac	83 Punkte / *points*

Hersteller / *Manufacturers*

1.	Audi	206
2.	Panoz	162
3.	Cadillac	86
4.	Lola	73
5.	Riley & Scott	71

Teams

1.	Audi Sport North America	206
2.	Panoz Motor Sports	162
3.	Champion Racing	151
4.	Team Cadillac	86
	Johansson Motorsport	86

Alle 20 Siege des R8 / *All wins of the R8*

18.03.2000	Sebring 12h	Biela/Kristensen/Pirro
18.06.2000	Le Mans 24h	Biela/Kristensen/Pirro
23.07.2000	Sears Point	Capello/McNish
06.08.2000	Mosport	Capello/McNish
02.09.2000	Dallas	Biela/Pirro
10.09.2000	Portland	Capello/McNish
30.09.2000	Petit Le Mans	Alboreto/Capello/McNish
15.10.2000	Laguna Seca	Capello/McNish
29.10.2000	Las Vegas	Biela/Pirro
31.12.2000	Adelaide	Capello/McNish
04.03.2001	Dallas	Capello/Kristensen
18.03.2001	Sebring 12h	Aiello/Alboreto/Capello
14.04.2001	Donington	Capello/Kristensen
20.05.2001	Jarama	Capello/Kristensen
17.06.2001	Le Mans 24h	Biela/Kristensen/Pirro
22.07.2001	Sears Point	Capello/Kristensen
05.08.2001	Most	Johansson/Lemarie
19.08.2001	Mosport	Biela/Pirro
09.09.2001	Laguna Seca	Biela/Pirro
06.10.2001	Petit Le Mans	Biela/Pirro

Endstand ELMS 2001 / *Final standings ELMS 2001*

1.	Stefan Johansson (S)	Audi R8	123 Punkte / *points*
2.	Rinaldo Capello (I)	Infineon Audi R8	84 Punkte / *points*
3.	Tom Kristensen (DK)	Infineon Audi R8	82 Punkte / *points*
4.	Patrick Lemarié (F)	Audi R8	80 Punkte / *points*
5.	Frank Biela (D)	Infineon Audi R8	76 Punkte / *points*
	Emanuele Pirro (I)	Infineon Audi R8	76 Punkte / *points*
7.	Jean-Cristophe Boullion (F)	Courage-Peugeot	66 Punkte / *points*
	Laurent Redon (F)	Courage-Peugeot	66 Punkte / *points*
9.	Guy Smith (GB)	Audi R8	61 Punkte / *points*
10.	Jan Magnussen (DK)	Panoz	47 Punkte / *points*

Technische Daten / *Technical specifications*

Infineon Audi R8 / *Infineon Audi R8*

Fahrzeugtyp	Le Mans-Prototyp (LMP)	***Vehicle type***	*Le Mans Prototype (LMP)*
Monocoque	Kohlefaser, Crash-Struktur ACO und FIA geprüft. CFK-Überrollbügel vorne und hinten, Karosserie Kohlefaser	***Monocoque***	*Carbon fibre, crash structure ACO and FIA approved, CFC rollbars front and rear, carbon fibre body*
Motor	V8-Motor mit Turboaufladung, 90 Grad Zylinderwinkel, 4 Ventile pro Zylinder, 2 Garrett-Turbolader, reglementbedingte Luftmengenbegrenzung auf 2 x 32,4 mm und Ladedruckbegrenzung auf 1,67 bar absolut, Benzindirekteinspritzung (FSI)	***Engine***	*V8, turbo charged, 90 degree cylinder angle, 4 valves per cylinder, 2 Garrett turbo-chargers; to comply with the rules 2 x 32.4 mm air restrictors and boost pressure restriction to 1.67 bars absolute, direct fuel injection (FSI)*
Motormanagement	Bosch MS 2.9	***Engine management***	*Bosch MS 2.9*
Motorschmierung	Trockensumpf, Shell Racing Oil SR	***Lubrification***	*Dry sump, Shell Racing Oil SR*
Hubraum	3600 cm³	***Displacement***	*3600 ccm*
Leistung	610 PS	***Output***	*610 hp*
Drehmoment	700 Nm	***Torque***	*700 Nm*
Kraftübertragung	Heckantrieb	***Power transmission***	*Rear wheel drive*
Kupplung	CFK-Kupplung	***Clutch***	*CFC clutch*
Getriebe	sequenzielles 6-Gang-Sportgetriebe, Partner Ricardo	***Gearbox***	*Sequential 6-speed sports gearbox, partner Ricardo*
Differenzial	Lamellensperrdifferenzial	***Differential***	*Multiple-disc limited-slip differential*
Antriebswellen	Gleichlauf-Tripode-Verschiebegelenkwellen	***Driveshafts***	*Constant-velocity plunging tripod joint*
Lenkung	servounterstützte Zahnstangenlenkung	***Steering***	*Servo-assisted rack-and-pinion steering*
Fahrwerk	Einzelradaufhängung vorne und hinten. Doppelquerlenker-Aufhängung. Pushrod-System mit Feder/Dämpfer-Einheit, einstellbare Gasdruckstoßdämpfer	***Suspension***	*Independent suspension at front and rear. Double-wishbone suspension. Pushrod system with horizontal spring/damper unit, adjustable gas-filled shock absorbers*
Bremsen	Hydraulische Zweikreis-Bremsanlage, Monoblock-Leichtmetall-Bremssättel, innenbelüftete Kohlefaser-Bremsscheiben vorne und hinten, Bremskraftverteilung vom Fahrer stufenlos einstellbar	***Brakes***	*Hydraulic dual-circuit brake system, monobloc light-alloy brake callipers, ventilated carbon fibre brake discs at front and rear, brake balance adjustable by driver*
Felgen	O.Z. Schmiedefelgen aus Magnesium vorne: 13,5 x 18 Zoll hinten: 14,5 x 18 Zoll	***Rims***	*O.Z. forged magnesium rims* *Front: 13,5 x 18 inches* *Rear: 14,5 x 18 inches*
Reifen	Michelin Radial vorne: 33/65-18 hinten: 36/71-18	***Tyres***	*Michelin Radial* *Front: 33/65-18* *Rear: 36/71-18*
Länge	4650 mm	***Length***	*4650 mm*
Breite	2000 mm	***Width***	*2000 mm*
Höhe	1080 mm	***Height***	*1080 mm*
Mindestgewicht	900 Kilogramm	***Minimum weight***	*900 kgs*
Tankinhalt	90 Liter	***Tank capacity***	*90 litres*